EGOÍSMO DEL BUENO

JOSÉ ANTONIO RITORÉ

EGOÍSMO
DEL BUENO

PLAZA JANÉS

Papel certificado por el Forest Stewardship Council®

Primera edición: septiembre de 2023

© 2023, José Antonio Ritoré
© 2023, Penguin Random House Grupo Editorial, S. A. U.
Travessera de Gràcia, 47-49. 08021 Barcelona

Printed in Spain — Impreso en España

ISBN: 978-84-01-02564-8
Depósito legal: B-10.368-2023

Compuesto en Pleca Digital, S. L. U.

Impreso en Rotativas de Estella, S. L.
Villatuerta (Navarra)

L025648

A ti, que has decidido pasar página
y descubrir el egoísmo del bueno

Índice

EL PODER DE UN GESTO

EL CAMINO HACIA LA VICTORIA SOCIAL

EL PODER DE UN GESTO

No puedes cambiar todo a lo que te enfrentas, pero no podrás cambiar nada si no te enfrentas a ello.

JAMES BALDWIN

El poder de un gesto (y el de una fotografía)

Era el primer día de instituto en Charlotte, Estados Unidos. En la casa de la familia Counts estaban desayunando. A punto de terminar, el padre, Herman, se dirigió a su hija mayor, Dorothy, de quince años, y le dijo: «Recuerda que puedes conseguir todo lo que te propongas, mantén la cabeza alta, no eres inferior a nadie». Unos minutos después, Herman y Dorothy partieron en dirección al Harding High School, una escuela que, por primera vez en su historia, recibía a una estudiante negra. Aquella mañana del 4 de septiembre de 1957, la vida de la joven Dorothy cambió para siempre. Y con ella, la de miles de afroamericanos en Estados Unidos.

Dorothy llegó al instituto en coche, junto con su padre y Edwin Thompkins, un amigo de la familia. La calle estaba bloqueada, ocupada por decenas de estudiantes que la esperaban para insultarla y acosarla, así que Herman no pudo aparcar y le pidió a Edwin que acompañara a su hija a la puerta mientras él conseguía estacionar. Antes de bajar, le repitió a Dorothy: «Mantén la cabeza alta». El instante, capturado por el fotógrafo Douglas Martin, es un momento de gran simbolismo para la historia del movimiento por los derechos civiles de los negros.

En la fotografía, que ganó el World Press Photo de 1957, se

puede ver a numerosos jóvenes blancos de diversas edades burlándose de la adolescente: detrás, un chico le pone unos cuernos, mientras otro mira cómplice el gesto de su compañero; a su izquierda, un par de niños de apenas nueve o diez años se vuelven hacia ella para insultarla. Más atrás, decenas de estudiantes la siguen, en una especie de celebración del odio.

El sol resplandecía en el boulevard Saint-Germain de París al día siguiente. El poeta, escritor y activista James Baldwin se había mudado a la ciudad del Sena en 1948, huyendo del racismo de su Nueva York natal. Aquel 5 de septiembre de 1957 su vida iba a dar otro giro definitivo: se acercó a un quiosco de prensa y vio en todos los periódicos la fotografía de la joven Dorothy Counts. Se quedó conmocionado. «Me enfureció. Me llenó de odio y de tristeza. Y me avergonzó. ¡Algunos de nosotros deberíamos haber estado allí con ella! Fue en aquella radiante tarde cuando comprendí que me marchaba de Francia. No podía estar más tiempo sentado en París debatiendo acerca de Argelia y del problema del racismo en América. Todo el mundo estaba pagando sus deudas y era el momento de regresar a casa y pagar las mías», contó después. Dorothy y Baldwin, unidos a más de 6.600 kilómetros de distancia.

De alguna forma también puedo decir que esa imagen ha influido en mi vida. En el invierno de 2018 yo acababa de separarme y una fría noche de noviembre vi en Filmin el documental *I Am Not Your Negro*, que reconstruye, a partir de un libro inédito de Baldwin, la relación del poeta con los tres grandes símbolos de la lucha contra el racismo en Estados Unidos: Martin Luther King, Malcolm X y Medgar Evers.

La película nos muestra a un hombre que ha vivido el odio y la discriminación hacia los negros desde que era un niño y que decide huir de Harlem para instalarse en París, como si con eso bastara para borrar todo el dolor y la rabia acumulados. Finalmente, gracias a la valentía de una joven de quince años de Charlotte llamada Dorothy Counts, James Baldwin decidió enfrentarse a sus fantasmas y volver a Estados Unidos para unirse a la lucha por los derechos civiles de la población negra.

Nos pasamos la vida sin afrontar nuestros miedos, nuestras emociones, nuestro dolor, incluso nuestros deseos más profundos. ¿Cuántas veces hemos pensado en cambiar algo y, finalmente, por la razón que sea, no hemos dado el paso?

A mí desde luego me ha ocurrido en numerosas ocasiones. Y siempre he encontrado la excusa, el atajo, el camino alternativo para convencerme de que quizá no era tan importante, de que podía esperar. Y estoy hablando tanto de asuntos que podemos calificar de importantes o trascendentales, porque requieren cierta energía, dedicación y compromiso, como también de pequeños actos, situaciones cotidianas que no sabes por qué, pero que se enquistan y se convierten en auténticas trampas que te impiden avanzar.

Llamar a un amigo o un familiar con el que dejaste de hablar, dejar de fumar, volver a conducir, mandar a paseo el trabajo que tanto odias, hacerte esos análisis que llevas retrasando meses... ¡Tantas cosas! Y la forma de cambiar esto empieza siempre por un pequeño gesto. Sí, no importa que sea algo gigante o aparentemente sencillo, siempre hay un primer paso, un clic. Lo que ocurre es que debemos estar preparados para afrontarlo y no es tan fácil. Si lo fuera no habría tantos libros sobre cómo hacerlo.

Me fascina la valentía de Dorothy, su actitud ante el desafío, su mirada contenida, su expresión, entre orgullosa y frágil. Ese día de septiembre solo se encontró con el desprecio de cientos de chicos y chicas blancos, pero, a cambio, iba a inspirar a miles de personas que no se conforman, que no están dispuestas a rendirse. La fotografía me emocionó y quise saber más sobre esa mujer. Y es maravilloso lo que encontré. El 31 de mayo de 2019,

Dorothy hizo el mismo recorrido que aquella mañana del 4 de septiembre de 1957, pero esta vez no hubo insultos ni escupitajos, sino que centenares de niños la vitoreaban, «¡Dorothy, Dorothy, Dorothy!», en su vuelta al instituto Harding. Dos niñas de quinto grado, Maya McClain, de diez años, y Morgan Winston, de once, fueron las encargadas de organizar el homenaje: «Queríamos que hiciera el paseo sabiendo que todos la queremos», dijeron.

Imagino lo difícil que debió de ser tomar la decisión de ser la primera estudiante afroamericana en ir al Instituto Harding. Solo hubo otros tres chicos que se atrevieron a ir a escuelas blancas en su distrito de Charlotte. La decisión fue tomada en familia. El padre de Dorothy, un miembro activo de la comunidad defensora de los derechos civiles, recibió la propuesta, junto con otras diecinueve familias, de ir a una escuela blanca. Habían pasado tres años desde que el Tribunal Supremo de Estados Unidos fallara contra la segregación escolar y todavía no se había dado ningún caso de integración. Las conversaciones familiares que tuvieron antes de tomar la decisión se centraron en temas de justicia social e igualdad y en el hecho de que merecían tener las mismas oportunidades que cualquier otro chico.

Dorothy ha contado que nunca tuvo miedo a lo que podía pasar, básicamente porque no se imaginaba todo lo que le iba a ocurrir. Los días posteriores continuaron las amenazas, incluso dos chicas blancas, con las que había empezado a hablar, le confesaron que se tenían que alejar de ella o el resto de los estudiantes iban a tomar represalias. El infierno que vivió en el exterior, en el paseo hasta la puerta del instituto, también lo padeció dentro del centro. Un grupo de chicos escupieron en su almuerzo. El instituto no se comprometió a garantizar su seguridad y finalmente sus padres decidieron que saliera de allí.

Aquella historia marcó para siempre a Dorothy, que ha dedicado su vida a la enseñanza y al activismo. Y también marcó a James Baldwin, cuya literatura, cuyos discursos y apariciones en medios de comunicación fueron, a su vez, fundamentales para inspirar a millones de personas a defender sus derechos. Un gesto. El poder de un gesto.

En los últimos veinte años he tenido el privilegio de entrevistar como periodista y de acompañar como activista a centenares de personas que un día decidieron pasar a la acción, rebelarse, como les ocurrió a Dorothy o a James. Todos han protagonizado un viaje. Un viaje diferente, único, ese tipo de viaje en el que no sabes lo que vas a encontrarte ni cómo va a afectarte aquello que descubras.

Con este libro quiero compartir los aprendizajes vitales de estas personas en sus travesías desde el dolor hasta la victoria personal y social.

Son historias muy diversas que hablan de pequeños y grandes cambios y en las que he encontrado al menos dos constantes. La primera de ellas es que en todos estos años de entrevistas a voluntarios, madres coraje, emprendedores sociales y ciudadanos indignados he descubierto que al principio no eran conscientes de que podían llegar tan lejos. Nadie lo es. «Lo hicieron porque no sabían que era imposible» es una frase que seguro que has visto en algún hilo de WhatsApp o en alguna página web de crecimiento personal. Es tremendamente cierta. «No era consciente de que podía hacer esto» lo he escuchado en numerosas ocasiones de personas como tú y yo. ¿Qué significa eso? Sencillo. Puedes hacer cosas que ahora mismo no eres capaz de imaginar.

Yo mismo he hecho cosas que no creía posibles. Siendo muy sincero, diría que este libro es un buen ejemplo. En este momento estoy escribiendo el primer capítulo y no tengo la certeza de que sea capaz de acabarlo; pero si tú lo estás leyendo es que lo conseguí.

La segunda constante tiene que ver con encontrar la felicidad a partir de procurar la felicidad ajena. Uno de los primeros que me lo dijo fue Toni, un voluntario de sesenta y cuatro años que salía cada noche a recorrer las calles de Madrid para ofrecer café y conversación a las personas sin hogar. «El voluntariado le aporta más al voluntario. Un porcentaje de las personas que hacen voluntariado viene por temas de carencias personales, emocionales, problemas familiares», me contaba una noche de mayo de 2009. Efectivamente, todas las personas que he conocido cuyo proceso de cambio o transformación ha influido positivamente en otros reconocen que ayudar a los demás genera felicidad. Buscar desesperadamente la felicidad desde uno mismo puede generar el efecto contrario. Y cada vez más estudios científicos nos dicen que el bienestar tiene mucho que ver con las relaciones sociales, con la capacidad que tenemos de desarrollar algo que ningún otro animal tiene: el altruismo.

Durante muchos años, buena parte de mi felicidad provenía de esa misma fuente: ayudar a los demás. Gente desconocida con la que conectaba a través de mi trabajo o de mi compromiso como fundador y voluntario en la Fundación Unoentrecienmil, una organización de lucha contra la leucemia infantil que ayudé a crear en el año 2012. Ahora también he comprendido que en todo ese tiempo buscaba conectar con todo menos conmigo mismo y con mi familia. Es decir, encontré bienestar ayudando a otras personas, pero lo hice desde el desconocimiento de mí mismo y de mis emociones y sentimientos. Esto me ha enseñado que es importante entender de dónde vienen nuestros comportamientos. A partir del autoconocimiento es mucho más fácil empezar algo nuevo o cambiar algo antiguo.

«No puedes cambiar todo a lo que te enfrentas, pero no podrás cambiar nada si no te enfrentas a ello» es una de las frases que han convertido a James Baldwin en una leyenda del activismo por los derechos civiles de las personas negras. Tras ver el documental *I Am Not Your Negro*, me interesé por la trayectoria de Baldwin y adopté como parte de mi filosofía de vida esa frase. Espero que también entre a formar parte de tu universo y que conectes con las historias y aprendizajes que quiero compartir contigo en este viaje que empieza ahora.

Ayudar a los demás
genera felicidad.

Y tú, ¿qué quieres cambiar?

Es bastante probable que hayas firmado alguna petición en Change.org, más de catorce millones de españoles lo hacen. Somos un país muy solidario en dos aspectos: cuando hay una gran emergencia humanitaria y cuando nos movilizamos en internet y las redes sociales para firmar causas en las que creemos. Durante cinco años trabajé en la mayor plataforma de peticiones del mundo, tres de ellos como director en España, y lo que más me sorprendía cada vez que hablaba con alguien que había iniciado una campaña era la emoción de las primeras firmas. Cuando conseguían cincuenta o cien firmas sentían que no estaban solos, que había esperanza para su lucha. Ese efecto era clave para que esas personas se reafirmaran en sus convicciones y tuvieran la energía suficiente para continuar.

Empoderar a cualquier persona en cualquier lugar para generar cambios. Esa es la misión de Change, y es el corazón que insufla vida a la tecnología que hace posible que peticiones como la de Anna González superara las trescientas mil firmas o la de Juan Carlos Quer estuviera cerca de los tres millones.

Vivimos en la era de las plataformas e igual que el mundo del turismo ya es difícil entenderlo sin herramientas como Airbnb, o el sector del comercio sin Amazon, el mundo del activismo social y de la participación ciudadana no sería lo mismo sin Change.org. Estoy seguro de que si no existiera, muchos de los cambios que hemos visto en la sociedad española hubieran tardado más en llegar o no habrían ocurrido nunca.

Este nuevo activismo en el que un jubilado de setenta y ocho años como Carlos San Juan puede movilizar a miles de personas para hacer frente a la banca es lo que Jeremy Heimans y Henry Timms, dos ensayistas norteamericanos, bautizaron como *New Power*. La tecnología ha permitido que cualquier persona tenga la oportunidad de que su voz sea escuchada. Plataformas como Change.org o como Kickstarter.com o Goteo.org hacen posible poner en pie campañas de movilización o recaudación de fondos sin necesidad de tener conocimientos técnicos, ni contar con una infraestructura legal o financiera detrás. El nuevo poder se caracteriza porque pone a las personas en el centro, es ágil, fomenta la participación y no está jerarquizado. Es, de alguna forma, una reacción contra el viejo poder que representan muchas organizaciones sociales que no han sido capaces de transformarse y ofrecer cauces de protagonismo y participación a sus asociados. De hecho, he visto como muchas de esas asociaciones se han sentido atacadas cuando un ciudadano ha conseguido en apenas meses lo que ellas llevaban años peleando. Es el poder de las historias, el poder de Dorothy, de Carlos.

Es también un tipo de activismo con el que conectamos de manera instantánea porque responde a un arquetipo narrativo que tenemos integrado desde que empezamos a escuchar cuentos y a ver películas: David contra Goliat. Y, lógicamente, casi siempre estamos de parte de David. Además, ocurre que estos activistas no suelen tener deudas o compromisos adquiridos, porque no reciben subvenciones públicas o privadas. Sus peticiones y campañas nacen y crecen desde la libertad del aficionado, sin tener que rendir cuentas a un gobierno o empresa que los financia. Eso les permite ser independientes y no autocensurarse. Por supuesto, en algunas ocasiones he visto a personas que han tenido que abandonar su campaña porque necesitaban volver a dedicarse a sus empleos o porque incluso han recibido amenazas y acoso por parte de las empresas a las que se enfrentaban, pero siempre fueron situaciones aisladas.

Este nuevo modelo hace posible que existan campañas de firmas locales o nacionales y también grandes movimientos globales, como el #MeToo, que nació de un mensaje de la actriz Alyssa Milano en Twitter: «Si has sido acosada o agredida sexualmente, escribe "me too" como respuesta a este tuit». 15 de octubre de 2017. El resto ya es historia.

Durante cinco años he tenido el privilegio de ayudar a personas que han logrado cambios que al principio parecían imposibles. En decenas de entrevistas en medios de comunicación me han preguntado siempre, de forma invariable, por las claves del éxito de una buena petición. Era una de las cuestiones que más se repetía también cada vez que iba a conferencias o foros públicos, pero no era la única. Había otras tres que me formulaban continuamente y que es posible que tú también estés haciéndote: ¿Tienen las firmas validez legal? ¿Es una plataforma segura? ¿Qué hacen con mis datos? Te respondo a ellas a continuación.

No, las firmas no tienen validez legal. Change.org es una herramienta de presión ciudadana hacia gobiernos, instituciones y empresas, pero no es una plataforma para canalizar iniciativas legislativas. Y, sin embargo, desde que apareciera en 2010, ha conseguido más cambios de leyes que el vehículo que fija la Constitución de 1978 para ello, la iniciativa legislativa popular (ILP). En efecto, en España existe un instrumento oficial de participación ciudadana que se ha demostrado desfasado e ineficaz para canalizar la democracia directa, la incidencia de los ciudadanos en las políticas públicas. Y precisamente por eso tiene éxito Change. Como en tantos otros ámbitos, en el de la participación civil la sociedad suele ir por delante de los marcos regulatorios. En cuanto a la segunda pregunta, sí, es segura. Los datos que ofreces, normalmente nombre, apellidos y correo electrónico, no se venden a nadie, no hay terceras empresas implicadas, como sí ocurre en plataformas como Facebook o Twitter.

A estas alturas habrás comprobado que soy un enamorado de la plataforma y que, probablemente, el romanticismo pueda distorsionar mi visión de la realidad; pero no es así. También conozco sus debilidades y me he desilusionado porque muchas veces mis ideas sobre su futuro no eran compartidas por otros líderes dentro de la organización.

El gran punto débil de la plataforma es que solo un porcentaje muy pequeño de las peticiones que se inician se convierten en victoria. Hay tal volumen de peticiones que la tecnología nunca ha sido ni será suficiente para ayudar a más campañas a que ganen. Desde mi experiencia, solo el factor humano, la ayuda de los mejores especialistas en activismo y comunicación, ha hecho posibles las grandes victorias que se han producido en España y en otras partes del mundo. Y únicamente aspirando a que haya más victorias se puede generar un círculo virtuoso de cambio social. Las personas necesitamos inspiración para librar nuestras propias batallas y cuando vemos que otros ganan, nosotros creemos que también podemos lograrlo. Y como decía Baldwin, no podemos cambiar todo a lo que nos enfrentamos, pero no podremos cambiar nada si no nos enfrentamos a ello, así que solo vamos a enfrentarnos a las injusticias si nos sentimos iluminados e inspirados por el ejemplo de otros.

Necesitamos inspiración para librar
nuestras propias batallas.

La teoría del cambio. El activismo aplicado a nuestra vida cotidiana

Una historia personal que emocione, un cambio concreto, factible y fácil de explicar y el momento adecuado. Esos son los tres ingredientes fundamentales de toda buena campaña de activismo.

A los seres humanos solo nos mueve lo que les ocurre a otros como nosotros. Es así de sencillo. Necesitamos nombres y apellidos, caras reconocibles, cercanas, identificables. Necesitamos conocer los detalles de sus tragedias para emocionarnos primero y actuar después. De hecho, uno de los problemas que tradicionalmente tienen las grandes organizaciones humanitarias o los gobiernos para sensibilizar a la sociedad sobre las hambrunas o sobre las crisis de salud es que siempre hablan de grandes cifras, de dramas inabarcables, con los que nos sentimos sobrepasados. Desde nuestra humilde individualidad nos vemos incapaces de aportar algo a un problema que se revela de dimensiones desproporcionadas. Nos paralizamos ante la enormidad. Sin embargo, nos movilizamos cuando conectamos con la historia personal de una madre, de un padre, de una niña, porque enseguida nos identificamos: nos vemos a nosotros mismos o a nuestros familiares enfrentándonos a una situación similar.

Las grandes revoluciones, los grandes cambios, siempre están liderados por personas que nos generan simpatía: Mahatma Gandhi, Nelson Mandela, Martin Luther King. Y la misma lógica opera en las pequeñas grandes revoluciones, en los cambios que proponen personas como Carlos San Juan o Anna González. Nos emocionamos con sus historias, conectamos con su causa y decidimos hacerla nuestra.

Desde los albores de la humanidad, nuestra capacidad para contar historias ha sido, es y será una de las más poderosas formas de cambio social. En la serie de televisión *Juego de tronos*, al final de la última temporada, Tyrion Lannister explica en un monólogo el poder de las historias: «He tenido mucho tiempo para pensar sobre nuestra historia sangrienta, sobre todos los errores que hemos cometido. ¿Qué une a la gente? ¿Ejércitos? ¿Oro? ¿Banderas? No, historias. No hay nada más poderoso en el mundo que una buena historia. Nada puede pararla. Ningún enemigo puede derrotarla. ¿Y quién tiene una mejor historia que Bran El Tullido? El niño que cayó de una torre alta y sobrevivió. Sabía que no podría volver a andar, así que aprendió a volar». Lo siento por el spoiler si estás entre el 0,001 % de las personas que no ha visto esta serie.

Para que la transformación cristalice en el mundo real, necesitamos más ingredientes. El carisma, el liderazgo, la historia que nos remueve son fundamentales, pero deben ir acompañados de una propuesta concreta, tangible y accesible para la mayoría de la sociedad. Pensemos, por ejemplo, en la campaña más firmada de la historia de Change.org en España, la iniciativa de Juan Carlos Quer para evitar la derogación de la prisión permanente revisable: si lo paramos, los criminales más peligrosos, violadores, asesinos, no podrán volver a infligir dolor a familias inocentes.

Todo el mundo conectó de forma profunda con la historia

de Juan Carlos y su hija Diana y entendió inmediatamente las consecuencias de su petición. Con esto podría parecer que es suficiente para que una causa prospere, pero no es así. Es vital contar con un tercer factor que, además, muchas veces no está bajo nuestro control. Podemos influir sobre él hasta cierto punto, pero no totalmente: se trata de encontrar el momento adecuado para que nuestra historia y nuestra causa consigan atraer la atención de los medios de comunicación, de la sociedad y, finalmente, de los que tienen poder para decidir sobre nuestra petición.

El hallazgo del cuerpo de Diana Quer fue la chispa que activó una campaña que otra persona ya había iniciado unos meses antes en la propia plataforma, pero que no había conseguido despegar porque hasta ese momento no tenía foco mediático, la prisión permanente revisable no estaba en las noticias. Por eso es importante estar pendientes de la conversación ciudadana y aplicar la creatividad para llamar la atención de periodistas, redes sociales y decisores. Para entregar en el Congreso de los Diputados las doscientas mil firmas que Anna González había reunido en marzo de 2017 para cambiar el código penal y evitar la impunidad de muchos atropellos a peatones y ciclistas, convocamos enfrente del hemiciclo a ciclistas, familias de víctimas y a personajes populares como el exciclista Pedro Delgado. La foto era muy poderosa: viudas, viudos, huérfanos, corredores aficionados y profesionales unidos frente al edificio que representa la soberanía popular para demandar un cambio en el que todo el mundo estaba de acuerdo. Decenas de medios de comunicación cubrieron el evento y la leyenda de Anna empezó a crecer.

Los ingredientes secretos que he mencionado del nuevo activismo social: historia personal, un cambio tangible y accesible y el momento adecuado los podemos aplicar a nuestra vida cotidiana cuando queramos iniciar un nuevo proyecto.

Por ejemplo, ante una pérdida (ya sea de un familiar, del trabajo o del amor), lo primero que necesitamos es construir nuestra historia. Y esto no es más que reflexionar sobre lo que hemos vivido, entenderlo, aceptarlo, darle un sentido, un para qué, y crear una narrativa para nosotros mismos y para los demás.

Esto no ocurre de un día para otro, el proceso puede durar días o semanas, dependiendo de cómo de preparados emocionalmente estemos. Si es la primera vez que nos enfrentamos a un reto así, esta fase seguramente se prolongará más, porque necesitaremos más tiempo. Además, nos hará falta compartir esa historia muchas veces con nuestros seres queridos y con terapeutas. Al armar nuestro propio relato sobre lo ocurrido buscamos aceptación y futuro, buscamos superar algo que nos ha dolido e imaginar un futuro. Lo siguiente es conectar ese futuro con el cambio que lo hará posible.

La misma lógica de la paralización ante la enormidad que opera en el mundo del activismo también puede afectar al mundo individual o interior. Formular una misión que sea tan ambiciosa como poco concreta puede paralizarnos. Todos hemos conocido a personas que ante una crisis personal responden con un «necesito cambiar de vida» o, ante un despido laboral, reaccionan con un «lo que yo quiero es cambiar de sector y dedicarme a lo que realmente me gusta». Tomar conciencia del cambio está bien, pero cuando formulamos lo que queremos cambiar, es mejor empezar por objetivos tangibles, medibles, concretos. Quieres sentirte bien contigo mismo y con tu físico, estar más saludable, ¿y si empiezas por salir a caminar o correr todos los días a la misma hora durante treinta minutos? Quieres cambiar de sector profesional, ¿y si en vez de mandar currículums arbitrariamente empiezas por localizar a personas que trabajen en ese sector y las invitas a un café para preguntarles e investigar?

Por supuesto, cambiar o reaccionar ante una gran pérdida es otra categoría. Implica primero un proceso de duelo que es muy variable y que dependerá de cada persona. De hecho, mi experiencia personal cuando he sufrido una gran pérdida, y he sufrido unas cuantas, es que no se deben tomar decisiones mientras uno está débil y muy triste. Los psicólogos a los que he ido conociendo estos años siempre me decían: antes de nada, baja la intensidad, descansa tú y tu cerebro.

En el activismo muchas veces recomendamos a personas que quieren promover grandes cambios legislativos que se centren primero en victorias pequeñas, concretas, que puedan inspirarlos a ellos y a otros a seguir creciendo. Paloma Pastor aspiraba a cambiar por completo el sistema de atención temprana en sanidad, pero esa es una empresa mayúscula, porque España tiene la sanidad descentralizada y cada comunidad autónoma decide qué hacer y qué no. Su primera victoria fue conseguir que al menos un hospital de Madrid ofreciera rehabilitación a personas con daño cerebral como su hijo Mahesh. Es una pequeña gran victoria que la motivó para seguir luchando y aspirando a retos más grandes. Nuestro camino hacia el cambio personal puede seguir el mismo esquema: completamos pequeñas tareas para ir conquistando misiones cada vez más ambiciosas.

Ante una pérdida lo primero
que necesitamos es construir
nuestra historia.

La teoría de Joey.
¿Existen las buenas acciones desinteresadas?

En un capítulo de *Friends*, la mítica serie que ha marcado a varias generaciones, Joey está contento porque le han seleccionado para presentar un telemaratón en una cadena de televisión. En una de las primeras escenas, se encuentra en la cocina compartiendo su alegría con Chandler, Monica y Phoebe. Se siente bien porque va a participar en un programa solidario y, por tanto, considera que está haciendo una buena obra. Para Phoebe eso no es una acción desinteresada, es puro egoísmo, simplemente quiere salir en televisión. Entonces Joey, enfadado, le recuerda que ella decidió quedarse embarazada y dar a luz a unos bebés para su hermano y que esa acción fue totalmente egoísta, lo hizo para ayudar a un familiar, pero también para sentirse bien. Joey concluye que no hay buenas acciones totalmente desinteresadas y reta a Phoebe a que le muestre una sola. Durante todo el capítulo ella se esfuerza por encontrar algún ejemplo y justo al final llega la moraleja.

Llama en directo al telemaratón para donar doscientos dólares. Un acto aparentemente muy altruista. Con esa donación, Phoebe cree haber tirado por tierra la teoría de su amigo: su acto es totalmente desinteresado. Gracias a su aportación, se supera el récord de donaciones del programa y el presentador del telemaratón se acerca a Joey, que en realidad fue seleccionado para responder al teléfono en la parte trasera de la gala, ya que él ha sido la persona que ha atendido la llamada decisiva, la de su amiga Phoebe. Por primera vez en todo el programa de televisión, la cámara enfoca a Joey, que por fin disfruta de su instante de gloria, y Phoebe se muestra eufórica al saber que su donación es la que lo ha provocado. Su acto altruista genera un beneficio en su amigo íntimo y desencadena también su propia alegría. Un buen giro de guion para ilustrar de lo que hablamos.

Numerosos científicos e investigadores sociales, desde Darwin hasta Edward O. Wilson, han dedicado buena parte de su trabajo a buscar la explicación de los comportamientos altruistas y han elaborado todo tipo de fórmulas y ecuaciones para encontrar un marco teórico y una base académica. Y lo cierto es que en todas esas teorías que trataremos más adelante siempre subyace un elemento que, *a priori*, es contradictorio: el egoísmo. Efectivamente, la teoría de Joey no es del todo descabellada. Decenas de activistas y voluntarios me han confesado a lo largo de casi veinte años que una de las razones de su altruismo es el bienestar que les genera. Al ayudar a los demás se han sentido felices, muchos de ellos han recibido el reconocimiento que no habían tenido en otras facetas de su vida, algunos se han sentido integrados y conectados a nuevas amistades que les han llenado de alegría y de paz, otros han descubierto valores y emociones que no habían sido capaces de exteriorizar.

En el altruismo palpita cierto egoísmo, pero no ese que nos causa rechazo, ese que la Real Academia Española (RAE) define como «Inmoderado y excesivo amor a sí mismo, que hace atender desmedidamente al propio interés, sin cuidarse del de los demás». No, nada de eso. Este es un nuevo y revolucionario egoísmo, uno que además de proteger y velar por uno mismo, atiende y busca el bien común. Por eso me gusta llamarlo egoísmo del bueno.

Egoísmo del bueno es un egoísmo
nuevo y revolucionario que además
de velar por uno mismo,
busca el bien común.

La regla de William. El altruismo y las teorías científicas que tratan de explicarlo

Desde los tiempos de Darwin la comunidad científica se ha volcado en buscar la explicación académica para los comportamientos altruistas. Las personas que deciden anteponer el interés de otros frente al suyo, ¿cómo lo hacen? ¿Por qué?

Este tipo de comportamiento contradice la teoría de la selección natural y la evolución de las especies de Charles Darwin. El altruismo suponía una anomalía absoluta para sus hipótesis ya que en ella no terminaban de encajar los insectos «sociales»: las abejas, las avispas y las hormigas, animales capaces de sacrificarse por su comunidad. Darwin se volvió loco con este escollo a sus tesis y en su libro *El origen de las especies* apuntó que la existencia de estos seres estériles dispuestos a morir por los demás era una dificultad muy especial.

Cien años después, en 1963, el biólogo británico William D. Hamilton ideó un modelo matemático para intentar zanjar el debate, una fórmula que podría, finalmente, explicar la razón de que algunos animales antepongan la vida de los demás a la suya propia y que, además, aclarase el motivo por el cual ese comportamiento altruista se transmite de generación en generación. Hamilton consideró tres variables: la relación genética o de parentesco que existe entre los individuos afectados por el acto de altruismo, el coste del acto en sí para el que lo realiza y, por último, el beneficio que obtiene el receptor. Su fórmula establece que el altruismo evoluciona cuando suficientes parientes reciben los beneficios necesarios para compensar el coste que tuvo para el que lo realizó. Es decir, para Hamilton, el altruismo y el parentesco están inevitablemente vinculados.

La fórmula explica por qué se ha mantenido y contagiado un comportamiento como el de la abeja obrera, que puede llegar a dar la vida por la colmena. Si con su sacrificio salva a dos o más de sus hermanas destinadas a ser reinas, habrá puesto a salvo una elevada proporción de sus propios genes. Si hablamos de seres humanos, la teoría de Hamilton encuentra acomodo en uno de los actos de altruismo más maravillosos y puros: la donación de órganos en vida a hijas o hijos. El coste personal de donar un órgano (por ejemplo, un riñón) a tu hija se compensa por el beneficio del acto: salvar su vida. ¿Acaso no está presente el egoísmo en esta definición de altruismo?

Mi experiencia en torno al altruismo no ha seguido el rigor del método científico de Darwin o Hamilton en cuanto al estudio y análisis; mi trabajo ha sido más humano, más de contacto, entrevistas y observación de cientos de personas que podemos considerar altruistas, que han sufrido tragedias y han decidido que aquello por lo que pasaron no tenga que sufrirlo nadie más, hombres y mujeres que se lanzaron a cambiar leyes o a luchar contra medidas injustas de empresas o instituciones públicas. Y lo que he comprobado en todos los casos es que nos sentimos bien haciendo cosas buenas. Normalmente, el camino del activismo empieza con una motivación radical para hacer justicia y, en el viaje, el activista se enfrentará a muchos muros y a mucho dolor, pero también descubrirá el bienestar, la felicidad de sentirse fuerte, despierto, con poder, rodeado de aliados.

Paloma Pastor, una donostiarra que revolucionó el sistema de atención temprana en Madrid tras el gravísimo accidente de su hijo Mahesh, lo resume mucho mejor que yo: «Es totalmente egoísta, yo todo lo que hago, lo hago por mí, por sentirme bien, por ser feliz, por hacer lo que creo que hay que hacer y estar en paz conmigo misma. De paso beneficias a mucha más gente, pero yo lo hago por mí. Y cada vez me gusta más». Paloma es una de las mujeres increíbles que vas a conocer en este libro.

Si haces cosas buenas que ayudan a los demás, se incrementa tu autoestima y tu sensación de bienestar, y el efecto inmediato es que mejorará tu salud mental y tu capacidad de adaptación a la vida, a las circunstancias. Y si nos sentimos plenos, los demás lo percibirán y, en algún caso, se contagiarán. Lo he visto en Paloma y en tantos otros: inspiran a los que están alrededor y el mundo se convierte así en un lugar un poquito mejor.

Si haces cosas buenas, mejorará
tu salud mental y tu capacidad
de adaptación a la vida, a las
circunstancias.

La bondad y la belleza de Cristóbal Colón

Durante varios años escribí sobre altruismo en un medio de comunicación. Entrevistaba a muchos voluntarios, activistas y emprendedores sociales y les preguntaba si estaban de acuerdo con la teoría de William D. Hamilton que relacionaba altruismo y parentesco. La respuesta que más me impresionó fue la de Cristóbal Colón.

Sí, Cristóbal Colón, has leído bien, ese es su nombre. Cristóbal tiene una de las historias de emprendimiento e innovación más increíbles de la historia reciente de España. Nacido en Zuera (Zaragoza) en 1949, empezó a trabajar a los catorce años en la sastrería familiar, pero la dejó para ejercer de ayudante en un psiquiátrico de la capital maña a los veintidós años, cuando el franquismo agonizaba. Y ahí, en un manicomio, empezó una historia apasionante.

Cristóbal trabajó varios años con enfermos mentales y comprobó que lo que se llama «laborterapia» no servía para nada, era una forma de mantener entretenidas a las personas, pero no las recuperaba para la vida, para la sociedad, porque no tenían un propósito, una misión vital que las impulsara. Simplemente producían para pasar el tiempo. Se dio cuenta de que la única terapia efectiva para esos enfermos era desarrollar un trabajo «normal», remunerado de forma justa, que los ayudara a forjarse un futuro profesional, personal y familiar. Los internos tenían que sentirse orgullosos y responsables de su destino. Así que decidió llevarse a los enfermos de su manicomio a la comarca de La Garrotxa, en Girona, para fundar una explotación ganadera y empezar un verdadero proyecto laboral, una empresa. Era el año 1982. Ese proyecto utópico que parecía imposible ha acabado siendo una de las marcas lácteas más exitosas de Cataluña y de España: La Fageda. Su caso se estudia en las mejores universidades y escuelas de negocios del mundo y sus yogures y postres son una delicia. Y, lo más importante, decenas de personas con enfermedad mental han encontrado un propósito, un proyecto de vida de verdad. Es el ejemplo de que se puede hacer un gran producto, rentable, al tiempo que ayudas a la inserción real.

Cuando le pregunté a Cristóbal si compartía la teoría de Hamilton, me contestó lo siguiente: «Estoy totalmente en desacuerdo. Todas las teorías de la biología y de la psicología modernas parten de una concepción antropológica. Si lo interpretas todo en clave de animal inteligente, intentas buscar las respuestas a las preguntas desde este prejuicio previo. Yo pienso que el hombre es un ser espiritual y que el afán de la perfección y de la belleza y de la bondad son innatas a la esencia espiritual, no a la esencia animal».

No estoy muy seguro de que la bondad cotice al alza últimamente. Y lo creo porque veo en medios de comunicación y en redes sociales una corriente de opinión que habla de «buenismo» desde cierta superioridad moral, como si comportarse bien y mostrar bondad fuera más una debilidad que una virtud. Una posible explicación a esto es que aquellos a los que les gusta ridiculizar el «buenismo» están, simplemente, amargados. Otra es que con el ataque justifican su propia falta de bondad y empatía. En cualquier caso, bondad y belleza son palabras que en tiempos de bajón, depresión o pérdida debemos recuperar.

Es importante mostrar bondad, primero con uno mismo y después con los demás, por supuesto. No te atormentes más de lo estrictamente necesario y siempre recuerda que la mente pensante, esa que a veces hace que te sientas menos o inferior, es una de nuestras enemigas más poderosas.

Haz cosas buenas por ti y por los demás y te pasarán cosas buenas. Sí, y busca la belleza. Como afirma Cristóbal Colón, la bondad y la belleza son innatas a nuestra esencia espiritual. Aunque la maldad siempre ocupa más titulares, estamos rodeados de bondad. Y de belleza. No dejes que la pérdida te impida disfrutar de ella.

Haz cosas buenas por ti
y por los demás y te pasarán
cosas buenas.

La pérdida y el egoísmo del bueno

Una de las motivaciones más fuertes del altruismo, una de las que ha producido algunos de los movimientos ciudadanos más fuertes de los últimos años es la pérdida. El dolor por una pérdida es capaz de destruirnos y también de impulsarnos hacia horizontes que al principio ni siquiera imaginábamos. La necesidad de dar un sentido y un propósito a la muerte de un ser querido puede hacer que una persona anónima se atreva a enfrentarse a un gobierno o a cambiar una ley.

Perder a un hijo, a una madre, el trabajo, el amor, la libertad... La pérdida adopta muchas formas pero siempre duele, y, además, provoca una reacción. Necesariamente altera la realidad que vivimos, transforma nuestra vida, nuestro presente y futuro.

No tiene sentido tratar de jerarquizar o clasificar, ¿qué pérdida es más importante? ¿Cuál es más dolorosa? ¿Cuál quiebra más una vida? Necesitamos certezas y muchas veces pensamos que nuestra pérdida es la más devastadora que se pueda imaginar, y seguramente lo sea, para cada uno de nosotros. Pero no podemos juzgar las pérdidas de los demás.

De entre todos los tipos de pérdida que he conocido personalmente o en las vidas de otros hay una que me parece la más desoladora: la pérdida de la esperanza.

Durante la crisis del covid-19 releí y recomendé en numerosas ocasiones el libro *El hombre en busca de sentido*, de Viktor Frankl. Frankl fue un psicólogo austriaco que sufrió el horror de los campos de concentración, Auschwitz entre ellos, al final de la Segunda Guerra Mundial. Allí perdió a su mujer y a sus padres y estuvo cerca de la muerte en varias ocasiones, pero sobrevivió e hizo algunos hallazgos que forman parte de su teoría psicológica, la logoterapia, nacida a partir de la observación de los comportamientos humanos en las circunstancias más extremas posibles.

«Quienes conocen la estrecha relación entre el estado de ánimo de una persona —su valor y su esperanza, o la falta de ambos— y la capacidad de su sistema inmunológico comprenderán que la pérdida repentina de esperanza puede desencadenar un desenlace mortal», afirma Frankl.

La esperanza es una poderosa medicina. Cuando, por ejemplo, las personas perdemos a un ser querido, nos aferramos a la idea de que su muerte ha servido para algo, que tiene un sentido, y como veremos en este libro, focalizamos nuestra energía en luchar por aquello que signifique mantener viva la memoria de esa persona.

Hemos comparado mucho la situación creada por el coronavirus con la Segunda Guerra Mundial. De ese episodio, que nada tuvo que ver con una pandemia y sí con la sinrazón humana, todavía nos llega el eco de los aprendizajes de muchos héroes, populares y anónimos. Y si Viktor Frankl es un faro para mucha gente, la historia de Ana Frank es quizá una de las más inspiradoras y universales. En su diario, ella también hablaba de la importancia decisiva de la esperanza: «Asombra que yo no haya abandonado aún todas mis esperanzas, puesto que parecen absurdas e irrealizables. Sin embargo me aferro a ellas a pesar de todo, porque sigo creyendo en la bondad innata del hombre».

Accidentes, cáncer y un gafe familiar, la pérdida de Paloma Pastor

Siempre que, como director de Change.org, me preguntaban por alguien que representara los valores y creencias del activismo ciudadano en España, automáticamente surgía un nombre: Paloma Pastor.

Lo primero que te llama la atención de Paloma es que sonríe sin parar. Es una sonrisa muy auténtica, muy honesta. Nunca imaginarías que detrás de esa sonrisa luminosa se acumulan años de dolor, sufrimiento y pérdida. Paloma es resiliencia pura. La conocí en 2015. Fue una de las primeras campañas en las que me involucré, aunque ella ya llevaba luchando contra el sistema sanitario madrileño desde 2013. En realidad a Paloma la había visto antes, en el colegio de nuestros hijos. Daba la casualidad, o causalidad, de que sus hijos y los míos iban a la misma escuela. Y de hecho, a través de una amiga común, yo también conocía el trágico episodio que conmocionó a todo el colegio durante meses y que supuso el inicio de su carrera como activista.

Ocurrió el 29 de diciembre de 2011 cerca de la ermita de San Saturio, en Soria. Aquel día de gélido invierno castellano, Paloma, su marido José Miguel, sus dos hijos Mahesh y Surya, adoptados en la India, y sus dos perras, Hampa y Balada, salieron a dar un paseo matutino por la ruta de Santa Quiteria. La familia vive en Madrid, pero siempre que puede se escapa a su casa familiar de Soria.

En el camino de vuelta por el río, Mahesh, que entonces tenía ocho años, se adelantó unos metros mientras jugaba con las dos perras y, repentinamente, desapareció, sin más. Aquellas personas que son madres o padres o han tenido que cuidar de niños saben la indescriptible angustia que te asalta en una situación así.

Rápidamente se movilizó un dispositivo de búsqueda, con policías y miembros de protección civil. Pasaban los minutos, hacía frío y el día languidecía. Ya al anochecer, un policía municipal apareció con Mahesh inconsciente entre sus brazos. Se había caído desde una altura de unos veinte metros.

Se debatió entre la vida y la muerte durante más de dos meses en el Hospital Niño Jesús de Madrid. Los médicos le salvaron. Sobrevivió, pero ya nunca ha sido el mismo niño. El grave daño cerebral que sufrió en aquel accidente cambió su vida y la de su familia de forma radical.

Lo cierto es que la pérdida de Paloma no termina aquí. José Miguel, su pareja, había pasado un cáncer antes del accidente de Mahesh y ella misma sufrió un tumor de mama en 2014. Paloma tiene claro que el estrés, la ansiedad y todo el dolor acumulado influyeron decisivamente en su diagnóstico. Pero la cosa no se quedó ahí, como si fuera una plaga bíblica, como si no hubiera justicia humana ni divina, ni un Dios, ni suerte, ni albedrío, su hija Surya, una niña de quince años, desarrolló un cáncer de colon apenas unos meses después de Paloma. La circunstancia dejó atónitos a los propios médicos, la incidencia de ese tipo de tumor en niños y adolescentes es muy muy rara. Y para más desdichas, su perrita Hampa, que había sido fundamental en la recuperación de toda la familia, tuvo un linfoma en pleno proceso de la enfermedad de Surya y murió. Debe de ser estadísticamente casi imposible encontrar una familia en la que todos, padres, hijos y hasta perros, hayan pasado por una terrible enfermedad. La familia llegó a pensar que eran víctimas de un gafe inimaginable, y desde luego yo hubiera pensado lo mismo.

Con Mahesh, Paloma dejó de ser empresaria para convertirse en cuidadora. Y esto no solo significó una nueva pérdida, laboral en este caso, sino también de identidad. Durante muchos años toda su energía estuvo volcada primero en su hijo y, después, con el cáncer de colon, en su hija Surya. No había tiempo para Paloma, solo para los demás.

Con la vida totalmente destruida, Paloma no se hundió y se centró en el presente, en resolver los problemas del día a día. Se ponía metas a corto plazo. Hasta que se topó con una meta que la arrastró a una nueva filosofía de vida. En 2013 creó una petición en Change pidiendo más recursos públicos para el tratamiento de niños como su hijo. Resulta que en Madrid y en otras comunidades, a los niños de seis a dieciséis años que habían sufrido daño cerebral la Seguridad Social no les cubría la rehabilitación. Es ridículo pensar que sí tienes ese servicio hasta los seis años y después de los dieciséis, pero no en esa franja intermedia de edad. Es ridículo porque son años críticos en el desarrollo de un ser humano, es un periodo vital para que alguien que ha sufrido un accidente fatal, como Mahesh, pueda recuperar funciones básicas: motricidad, lenguaje, etc. Paloma tenía que pagar más de dos mil euros al mes para su tratamiento. Y eso la indignó. Ella podía permitírselo, pero ¿y las decenas de familias que apenas pueden llegar a fin de mes?

La lucha de Paloma empezó a tener eco en los medios de comunicación, miles de personas se sumaron a su campaña y le dieron el aliento necesario para reunirse con políticos de todos los partidos y de todas las instituciones implicadas, Ministerio de Sanidad, Asamblea de Madrid y Gobierno de la Comunidad de Madrid. Paloma se sentó a exponer la tremenda injusticia en la mesa de los que decidían, de nuestros representantes públicos. La fuerza de la verdad pura de Paloma y de su reivindicación fueron imparables y, finalmente, consiguió que la Comunidad de Madrid creara un servicio de rehabilitación en el Hospital Niño Jesús. Pero no paró en ese punto, espoleada por el impacto y la influencia que una persona anónima como ella podía tener en las políticas de sanidad, ha seguido ayudando a otras familias a través de su propia organización, la Fundación Sin Daño. «Yo no era consciente de que podía llegar tan lejos y esto me hace muy feliz», dice con frecuencia. Paloma convirtió la pérdida en el motor de su vida o, mejor dicho, la pérdida no fue el final sino el principio de una nueva vida.

Es mayor, no idiota

—*Manuel, aquí te mando un regalito, este abuelo con bastón y todo.*

—*Pues se va a hacer más abuelo todavía sentado en esa silla si quiere esperar a que le atienda.*

Aquellas palabras de dos empleados de una oficina bancaria entraron como una cuchillada en el estómago de Carlos San Juan. Él, urólogo de prestigio en Valencia, padre, abuelo, con mil batallas vividas y ganadas, de pronto se sintió impotente, incapaz de reaccionar y responder a aquel menosprecio. Volvió a casa y no pudo ni comer, había experimentado algo nuevo, lo que él llama vulnerabilidad emocional. Una sensación que viven cientos, miles de personas mayores cada día en España.

Quizá otra persona lo habría dejado pasar, quizá otra persona habría maldecido durante unos minutos y habría continuado con su vida, con su rutina, pero Carlos no. Al día siguiente volvió a la entidad financiera y comprobó que no solo era él, el maltrato era generalizado a todas las personas mayores. Recurrió a los cauces habituales: la queja en la oficina, la reclamación en atención al cliente. Ningún resultado. Aquello había cruzado el límite. Una noche, encendió su ordenador, abrió la página de Change.org, redactó su petición, la publicó y la compartió con su familia y amigos más cercanos. Así nació «Soy mayor, no idiota», la campaña que ha conseguido crear un protocolo de obligado cumplimiento para que los bancos atiendan dignamente a los mayores.

Los primeros días consiguió llegar a las cien firmas, algo que para él ya era una victoria. Lo que vino después ni lo imaginaba: cientos de miles de apoyos, entrevistas en medios de comunicación cada día, reuniones con la vicepresidenta Nadia Calviño, un discurso de quince minutos en el Parlamento Europeo al recibir el Premio al Ciudadano Europeo 2022. «Lo que más disfruto es el día de cobro de la pensión. Antes veías a los mayores casi llorando en la cola del banco, ahora van felices, con su libreta y su sonrisa».

Dice que desde joven fue activista, reivindicativo y solidario. Recuerda, por ejemplo, que cuando hizo la mili se encargaba de ayudar a los compañeros que tenían heridas en los pies. Su profesión como médico le llevó a entender el alma profunda del ser humano y, sobre todo, a conectar emocionalmente con el sufrimiento ajeno, en especial con el de los mayores. Ha presenciado situaciones difíciles de digerir: una familia que dejaba al abuelo en la puerta de urgencias y se marchaba de vacaciones, una señora que no quería recibir el alta porque él era la única persona con la que podía conversar. Soledad, falta de humanidad. Lo ha visto y sentido todo. Por eso repite siempre: «Nunca subestimes el sufrimiento de la persona que tienes enfrente». Eso es. Ahí está. Cuando comenzamos nuestro encuentro, yo había ubicado a Carlos en la categoría de héroe ciudadano, lo había pintado inspirado por la épica que respiraban algunos de los perfiles que se habían escrito de él en los medios. Al terminar, Carlos seguía siendo ese luchador infatigable, pero era mucho más.

Cuando me encontré con Carlos, acababa de perder a uno de sus seres más queridos, su perrita Kitty, una preciosa shih tzu. Además, se apoyaba en un bastón debido a su párkinson y en nuestra conversación, que en un momento dado tornó en confidencias, emergieron numerosos episodios muy dolorosos tanto de su vida profesional como personal, los cuales me hicieron pensar en sus palabras de no subestimar el sufrimiento de los demás. En la otra dirección, la experiencia también me ha dicho que nunca sobreestimemos la felicidad de los demás.

LES PASA CADA AÑO A DOSCIENTOS MIL ESPAÑOLES

Alta fidelidad es una de mis debilidades cinéfilas. Es una película del año 2000 dirigida por Stephen Frears y basada en un libro de Nick Hornby. En ella, el protagonista, interpretado por John Cusack, es el dueño de una tienda de discos en Chicago que es incapaz de tener relaciones sentimentales estables. En la película repasa algunas de ellas y hay un momento en el que reflexiona y comparte una idea con la que me sentí muy identificado: «Siempre me doy cuenta de las cosas con retraso: el pasado se me da muy bien, no el presente. El presente no lo puedo entender». Es tan difícil. El presente. Y estar presente. Creo que pertenezco a una generación de hombres que no ha estado presente. Ni presente ni con consciencia. Y cuando la tuve, fue demasiado tarde. No tenía conciencia de la gravedad de la situación. Y no la tenía porque el niño que llevaba dentro bloqueaba las emociones, cerraba las puertas al conflicto y no era capaz de afrontar conversaciones profundas.

No estar presente en el día a día ni ser consciente fue mi gran fracaso en mi matrimonio. Bueno, estaba presente, al menos físicamente, pero mi cabeza estaba en otras partes, la mayoría del tiempo en mi trabajo, en mis proyectos, en las próximas vacaciones, en organizar un plan romántico para compensar la «ausencia» en la rutina diaria. El pasado se me da muy bien. Creo que he logrado entender, asimilar y trascender lo que pasó.

El amor es una de mis pérdidas y también la de cerca de doscientos mil españoles cada año. En 2022 se registraron 95.193 demandas de separación matrimonial. Las estadísticas son frías, gélidas, pero no podemos olvidar que esos miles de personas vivieron momentos muy felices, soñaron juntos futuros, hicieron decenas de cosas por primera vez en su vida, quizá descubrieron el sexo, escucharon una o mil veces una canción de Sabina, vieron a Michael Caine decir aquello de «Buenas noches, príncipes de Maine, reyes de Nueva Inglaterra», se asombraron la noche que desembarcaron en Times Square o lloraron al ver a sus hijos nacer.

En los matrimonios largos, como el nuestro, de diecisiete años, hay una ilusión de eternidad que, una vez roto el compromiso, se desvanece más rápido de lo que a uno le gustaría. Apenas dos años después de que dejáramos de vivir juntos, la memoria de todos esos momentos que parecían destinados a ser únicos e irrepetibles se esfumó, casi como si no hubieran existido, como si hubieran sido un sueño dentro de un sueño dentro de una película de Christopher Nolan.

Mi divorcio fue el motor inicial de este libro. El proceso para superarlo debía ser el principal hilo conductor, el pegamento para las diferentes historias que estás leyendo aquí, pero la separación fue solo la primera de una serie de pérdidas. Unas pérdidas que han provocado ríos de lágrimas, y no estoy siendo melodramático. Después vendría la muerte de mi padre y luego, lo inimaginable, la muerte de Laura, mi exmujer, la madre de nuestros hijos, Victoria y Lucas.

La pérdida es el inicio de todo. Es el comienzo de un viaje que queremos que sirva para algo. Necesitamos darle un sentido a lo que nos ocurre. Y seguir viviendo. Seguir avanzando. Seguir despertando cada mañana.

Casi toda España conoce la historia de Diana y Juan Carlos Quer, al menos la historia que nos han contado los medios de comunicación. Pero la verdadera historia de Diana y toda su familia es mucho más grande y compleja que eso que nos han inoculado televisiones, radios y periódicos. Y hay muchas pérdidas y mucho dolor, pero también hay luz y esperanza y merece la pena olvidar por unos instantes todos los prejuicios, todo lo que creemos saber sobre ellos y adoptar una mirada nueva, serena, comprensiva, respetuosa.

Diana Quer nació y murió luchando. Con apenas seis meses, conectada a un respirador, peleó por su vida durante semanas en la UVI del Hospital La Paz en Madrid. Su padre recuerda aquel tiempo como una de las experiencias más trascendentales de su vida: días eternos en los que dejaban a su recién nacida enchufada a una máquina y al cuidado y cariño de unas enfermeras que fueron auténticos ángeles de la guarda. Cuando ya parecía que salía de la UVI, una meningitis volvió a llevarla a cuidados intensivos. Aquel bebé desarrolló una resistencia colosal al dolor, ya no lloraba cuando le tenían que abrir vías. Finalmente Diana lo superó, pero no su hermana melliza Carolina. Falleció al nacer. Y aquí tenemos la primera pérdida de la familia. Una vida se abre camino, otra se va.

No era el primer suceso traumático para Juan Carlos. Bastantes años antes, vio cómo su padre moría después de una operación de corazón. Él tenía apenas veintidós años y un legado que gestionar: al día siguiente tomaba las riendas, junto con sus hermanos, de la empresa familiar, que atravesaba una situación crítica. Juan Carlos no pudo ni siquiera pasar el duelo tras la muerte de un ser querido. Y todo eso deja heridas abiertas. Todo tiene sus tiempos, la muerte también.

Cuando no hacemos el duelo, cuando no lloramos, cuando no maldecimos, cuando no abrazamos, cuando no cruzamos las puertas que la historia, la literatura y la sabiduría popular nos dicen que deben ser cruzadas, estamos dejando despierto a un monstruo silencioso del que huimos, pero que nos perseguirá hasta que un día nos devore. Diez años después, aquel joven atrevido que había liderado la transición y recuperación de la empresa estaba destruido y agotado. El duelo llegó diez años tarde. Y ahora tiene claro que le ocurrirá lo mismo con su hija Diana.

La historia que todos conocemos de Diana empieza el 22 de agosto de 2016, cuando desaparece en A Pobra do Caramiñal (A Coruña), el pueblo en el que la familia veraneaba y había tenido algunos de los momentos más felices de su vida. Su hermana Valeria, que estaba de vacaciones con ella y con su madre, telefoneó a su padre para decirle que esa noche Diana no había vuelto a casa. Juan Carlos estaba ese día en Benicàssim. Hay algo en la vida, casi mágico, que nos conecta con nuestros seres queridos. Intuiciones, sensaciones, premoniciones. Aquel día él había dejado la maleta organizada, sin deshacer. Cuando recibió la llamada sabía que las cosas no iban bien, porque Diana siempre avisaba, siempre llamaba, siempre informaba. Aquello no era normal y realmente no lo fue.

Desde ese aciago día de verano hasta que la Guardia Civil localizó el cuerpo de Diana transcurrieron 497 noches. Pura incertidumbre, aunque Juan Carlos, pasados cuatro días, había perdido la esperanza de que fuera una desaparición voluntaria. «Esos quinientos días fueron terribles, no solo porque el dolor en sí es brutal, sino porque los medios de comunicación machacaron, machacaron a mi hija y a mi familia», me contaba. La infamia de esos días será recordada. Una buena cantidad de medios se convirtieron en auténticos estercoleros, con periodistas escarbando sin cesar en la vida personal de toda la familia, inventando, exagerando, intoxicando. El foco era la historia de un matrimonio fallido, que llevaba varios años divorciado. Y aquello no ayudaba a la investigación, todo lo contrario. De hecho, el responsable de la misma, el comandante de la Guardia Civil Arturo Marcos, le dijo en un momento dado a Juan Carlos que la mejor forma de ayudarle a él, a la investigación y a su hija era reducir el ruido mediático. Así que recurrió a una agencia de comunicación, la del conocido exasesor político Luis Arroyo, para intentar frenar las especulaciones y las noticias falsas. Y lo consiguió, despacho a despacho, conversación a conversación, mirando a los ojos a los periodistas más influyentes del país para explicarles que aquello no era una página de sucesos, que había cuatro vidas en juego, la de Diana, por supuesto, pero también la de su hermana Valeria, la de su exmujer, Diana López, y la suya propia.

A las 4.30 de la madrugada del 31 de diciembre de 2017 llegó la llamada fatídica, esa para la que se había estado preparando durante tantos días y tantas noches. A esa hora, Arturo Marcos, entre lágrimas, le informaba: «Creo que ya tenemos a tu hija». Juan Carlos solo le pidió una cosa: que no se apartara de ella hasta que él llegara.

Intento imaginar a ese comandante de la Guardia Civil que durante 497 días habló diariamente con los padres y respondió a todas y cada una de sus llamadas y mensajes mientras desarrollaba una investigación en la que cruzaron más de dos millones de datos hasta dar con el asesino. Arturo Marcos sostuvo la emoción, el dolor, las expectativas de esos seres humanos destruidos. Supongo que él pensará que era su deber, pero ojalá esa forma de entender el deber la adoptáramos todos.

En pocas horas, Juan Carlos llegó a Galicia; en el Anatómico Forense le esperaba Arturo, que no se había separado del cuerpo de su hija. También estaban allí otros cinco guardias civiles que habían participado en la investigación, hombres que llevaban varios días sin dormir, en plena Navidad, con familias esperándolos en sus casas, y aun así se quedaron. Querían mostrar su cariño, respeto y solidaridad. Es un gesto que Juan Carlos recuerda emocionado y con el que se dio cuenta de que mucha gente quería a Diana. Qué importantes son los gestos. Estamos rodeados de bondad y la bondad se contagia, y la bondad inspira y nos convierte en mejores seres humanos.

No quiso ver a su hija, prefirió recordarla. En una humilde sala, sin flores ni adornos, frente a un pequeño ataúd que no contenía sus restos, pues debían ser analizados antes por especialistas forenses, Juan Carlos se sentó a recordar su vida con Diana. Unas horas después regresaba a Madrid. «Cuando me volvía de Galicia, estaba que me moría, pero yo no me podía ir a llorar, lloraré dentro de diez años, como cuando murió mi padre». En ese viaje de vuelta a Madrid empezó a gestarse el proyecto vital más importante al que nunca haya tenido que enfrentarse Juan Carlos Quer.

HAZTE LAS PREGUNTAS ADECUADAS. ¿POR QUÉ Y PARA QUÉ?

Nos diagnostican un cáncer, o dos, tenemos un accidente, nuestros planes laborales se van al traste, te separas de la mujer con la que has vivido veinte años y lo primero que hacemos es preguntarnos: ¿por qué me pasa esto a mí? Y es comprensible, necesitamos racionalizar, buscamos una explicación a la desgracia, al fracaso, al desasosiego. Pero ¿y si esa pregunta nos estuviera haciendo más daño del que creemos?

Investigué en mi pasado en pareja para buscar porqués y sin duda descubrí comportamientos y patrones que no habían ayudado a nuestra relación. Reviví episodios completos, algunos traumáticos, saqué algunas enseñanzas, pero por momentos entré en una espiral sin salida, un bucle autodestructivo que no me llevaba a ningún lugar saludable.

En su libro *Reinventarse. Tu segunda oportunidad*, el médico Mario Alonso Puig sostiene que la pregunta «¿Por qué a mí?» no tiene respuesta y no genera nada valioso. Los estados de ánimo negativos provocan daño cardiovascular y digestivo, impotencia e infertilidad. Si sabemos todos esos efectos, ¿por qué seguimos buscando los porqués?

Es fácil decirle a alguien que deje de hacerse esa pregunta, pero es muy difícil entender que esa pregunta va a atraparnos durante semanas o meses. Es inevitable. Nuestra naturaleza nos empuja hacia ese callejón sin salida, lo ha hecho desde muchas generaciones antes que la nuestra. Por otro lado, nuestra capacidad para el aprendizaje, para el análisis y nuestra disposición a tomar conciencia de la vida nos invita a mirar hacia delante y dejar atrás los pensamientos improductivos. Es una lucha continua.

Viajar al pasado puede ser útil solo si el viaje de retorno tiene un objetivo. Es decir, solo si logras crear un vínculo entre lo que quieres dejar atrás y en lo que te quieres convertir. El por qué acaba paralizando, mientras que el para qué moviliza, implica acción, movimiento.

La promesa de Anna, la heroína del ciclismo español

«Tengo que confesar algo y hacerlo público... Hoy he atropellado a un ciclista que circulaba delante de mí, iba despistada cambiando la emisora de radio, me he metido en el arcén y le he dado. Creo que lo he matado, no he parado para comprobarlo pero creo que no se movía. Tengo el parachoques destrozado, tendré que cambiarlo hoy mismo, me gusta que mi coche esté perfecto. Sé que no me va a pasar nada si me localiza la Guardia Civil, nadie me va a procesar y ni siquiera pagaré nada, ya que lo hará mi aseguradora». Así empezaba la petición que Anna escribió en 2016 en Change.org. Por supuesto, esa persona no era ella. Anna había escrito esas líneas poniéndose en el lugar del conductor que arrolló a su marido, Óscar, el 21 de octubre de 2013 en una carretera de Toledo mientras circulaba en bici por el arcén.

Un camionero lo atropelló, matándolo en ese mismo instante, y no paró a socorrerle. Esa escena que Anna recreaba en su imaginación, porque no estuvo presente en el accidente, no era nueva para ella. Había sido testigo de algo similar mucho tiempo atrás. La historia se repetía de forma macabra, pero esta vez era peor, la víctima era el amor de su vida.

Cuando era apenas una niña de seis años, paseaba con su padre y su abuelo cogida de la mano por Mataró. En un semáforo, al lado suyo, dos hermanas de unos cinco y diez años, también agarradas de la mano, esperaban a que el muñeco del semáforo se pusiera verde para los peatones. Cuando lo hizo, las dos niñas, que no iban acompañadas por ningún adulto, se pusieron en marcha. Anna y su padre tardaron un poco más, lo justo para salvar su vida. Un coche se saltaba el paso de cebra a gran velocidad y atropellaba y lanzaba al aire violentamente a las dos pequeñas. Murieron al instante. La conductora siguió su camino, sin vacilar, sin mirar atrás. Anna recuerda perfectamente el episodio: el semáforo, las niñas, el coche, la huida. A veces el destino nos reserva casualidades que podemos aceptar y transformar o ignorar.

La vida se quebró para Anna en aquella cuneta de Toledo y el dolor se hizo todavía más intenso cuando comprobó que el código penal no contemplaba castigo alguno para aquellos que, al atropellar y matar a alguien, se daban a la fuga. Sí que lo hacía cuando la víctima quedaba con vida, pero no si moría. Las leyes, a veces, son tan crueles como absurdas.

En el cementerio, nada más enterrar a Óscar, Anna le prometió que lucharía para que aquello no le pasara a nadie más. Ella no se conformó con llorar, maldecir y, luego, quedarse de brazos cruzados. Pasó a la acción. Por Óscar, por ella y por las decenas de víctimas que sufrirían lo mismo. En 2016 inició su campaña para modificar el código penal y el 1 de marzo de 2019, unos días antes de que se disolvieran las Cortes por las elecciones de abril, la «ley Anna González», por la que se modificaban, entre otras cosas, la omisión del deber de socorro, fue aprobada y publicada en el *Boletín Oficial del Estado*. Entre ambos momentos, decenas de hitos y logros que, como siempre, al principio parecían imposibles para una ciudadana anónima, una esteticista sin estudios de un pueblo de Lleida. Anna consiguió el apoyo de trescientas veinticinco mil personas, entre ellas, figuras del ciclismo como Pedro Delgado o Alberto Contador, políticos de todos los colores, periodistas... Fueron casi tres años de muchas lágrimas, incontables, ríos de agua salada. Lágrimas suyas, las de una mujer asfixiada por la presión y el desgaste de enfrentarse a todo un sistema político. Y las de numerosas familias con historias parecidas a la suya, que se unieron y la acompañaron en su aventura utópica.

Anna consiguió algo único, al alcance de muy pocos, pero tuvo que poner en suspenso su vida por un tiempo: su trabajo, sus hijos, sus amigos. Había semanas que viajaba hasta dos y tres veces desde su casa en La Seu d'Urgell, Lleida, hasta las oficinas del Congreso de los Diputados en Madrid. Durante meses asistió a decenas de eventos ciclistas, reuniones de aficionados y también pruebas profesionales, buscando adhesiones y firmas, con un megáfono, una silla y una mesa plegable. Realizó centenares de entrevistas en prensa, radio y televisión, se enfrentó a políticos y acosadores en redes sociales y tuvo momentos en los que pensó en abandonar, pero Anna tenía un propósito, una misión que había nacido de las entrañas del dolor y del amor. Cuando le preguntan sobre su proeza, ella no quiere que se la llame la «ley Anna González», cree que lo justo es que sea la «ley Óscar Bautista».

Quienes conocen la estrecha relación entre el estado de ánimo de una persona —su valor y su esperanza, o la falta de ambos— y la capacidad de su sistema inmunológico comprenderán que la pérdida repentina de esperanza puede desencadenar un desenlace mortal.

Viktor Frankl

El viaje del héroe empieza con un propósito

Viktor Frankl lo vio claro en Auschwitz, solo aquellos que tenían un propósito tenían opciones de sobrevivir. «El prisionero que perdía la fe en el futuro —en su futuro— estaba condenado. Me atrevería a afirmar que, aun en las peores condiciones, nada en el mundo ayuda a sobrevivir como la conciencia de que la vida esconde un sentido. Los campos de concentración nazis dan fe de que los prisioneros más aptos para la supervivencia fueron los que se sabían esperados por algún ser querido o les apremiaba acabar una tarea o cumplir una misión», concluye Frankl.

Necesitamos darle sentido a las pérdidas de nuestra vida. Necesitamos encontrar un horizonte, una misión.

Juan Carlos transformó el inconmensurable dolor que sufría en la energía para sacar adelante su campaña para frenar la derogación de la prisión permanente revisable. «La devastación es tan tremenda, es tan grande... Pero volvía de Galicia con mi hermano Jose conduciendo y me vino la sonrisa de Diana». En ese viaje en coche dio comienzo otro viaje.

La vida cambió radicalmente para Paloma tras el accidente y la posterior recuperación de su hijo Mahesh. Convirtió el activismo en su propósito. Primero luchó durante años para que las familias de otros niños con daño cerebral no tuvieran que pagar más de dos mil euros al mes para su rehabilitación en Madrid. Y ahora sigue peleando para que, poco a poco, estas familias cuyas vidas y las de sus hijos se quiebran tengan un presente y un futuro. Anna le hizo una promesa a Óscar. Su muerte debía tener un para qué y por eso convirtió lo que hubieran sido años de duelo en una carrera activista por cambiar una ley injusta.

Tener una misión, un propósito, un para qué, es fundamental. Ese propósito no es inmutable, normalmente viene dado por las circunstancias de la vida y por eventos que escapan a nuestro control. ¿Quién puede predecir un cáncer, un accidente, una muerte repentina? Pero desde luego lo que personas como Paloma Pastor, Anna González, Juan Carlos Quer, Viktor Frankl o James Baldwin me han enseñado es que no puedes decidir todo lo que va a ocurrir en tu vida, pero sí puedes decidir cómo te enfrentas a ello.

Necesitamos darle sentido
a las pérdidas de nuestra vida.
Necesitamos encontrar un horizonte,
una misión.

EL CAMINO HACIA LA VICTORIA PERSONAL

Si quieres llegar rápido, ve solo; si quieres llegar lejos, ve acompañado.

PROVERBIO AFRICANO

Nunca olvidarás esto: la epigenética

En un discurso de graduación a los alumnos de la Universidad de Harvard, la escritora J. K. Rowling, creadora de Harry Potter, explicaba la importancia que había tenido el fracaso en su vida. Apuntaba que sus padres, que habían llevado una vida marcada por las penurias económicas, creían que la desbordante imaginación de su hija no iba a asegurarle un sueldo y un modo de vida dignos, por lo que no le quedó más remedio que estudiar algo que, vocacionalmente, no era lo que le apasionaba.

Rowling, en su intervención, hace un paréntesis maravilloso sobre la responsabilidad individual. «No culpo a mis padres por su punto de vista. Hay una fecha de caducidad para culpar a tus padres por llevarte en la dirección equivocada; y es el momento en el que tienes la edad suficiente para tomar el control de tu vida. Es más, no puedo criticar a mis padres por esperar que nunca experimentara la pobreza. Ellos habían sido pobres y yo también lo fui, y estoy bastante de acuerdo con ellos en que no es una experiencia ennoblecedora. La pobreza implica miedo y estrés y, a veces, depresión; significa mil pequeñas humillaciones y penalidades. Salir de la pobreza gracias a tu esfuerzo es algo de lo que enorgullecerse, pero la pobreza en sí solo la idealizan los tontos». Rowling llegó a la treintena con una vida destruida por un matrimonio fallido y la falta de dinero. Crio a su hija gracias a los subsidios del Gobierno británico, mientras terminaba su primera novela de Harry Potter en las cafeterías de Edimburgo. El resto es historia.

Bucear en el pasado familiar es algo que todos hemos hecho o haremos en algún momento de nuestra vida. Mucho de nosotros, de nuestro ser, se encuentra en nuestros antepasados. No solo heredamos una serie de rasgos físicos, sino que los traumas, éxitos, secretos, vivencias y aventuras de nuestros ascendientes dejan huellas profundas en todas las generaciones siguientes. Y lo hace insertándose en nuestro ADN, directamente.

Sabemos que determinados comportamientos, actitudes, formas de estar ante la vida se transmiten en cascada de padres a hijos a partir de la pura imitación, pero ¿pueden los traumas de nuestros padres o abuelos determinar aspectos de nuestra fisiología?

La epigenética se define como el estudio de los mecanismos que regulan la expresión de los genes sin una modificación en la secuencia del ADN. Complicado de entender así. Veamos algunas preguntas. ¿Por qué dos gemelos idénticos no tienen las mismas enfermedades en el mismo momento? ¿Por qué dos gatos que comparten el mismo ADN tienen manchas diferentes? Uno de los mayores expertos mundiales en la disciplina, el investigador español Manel Esteller, catedrático de Genética de la Universidad de Barcelona, lo explica de la siguiente forma: «No somos nuestros genes. Ellos son solamente parte de nuestra historia. Las conductas tóxicas y los malos hábitos afectan a nuestras células reproductivas y pueden dejar huella en la siguiente generación».

«Los hijos heredan el sufrimiento de los padres», titulaba *El País* una crónica sobre una investigación realizada por científicos de la Universidad de California. Los investigadores buscaban descubrir si el trauma paterno se transmitió a los hijos de los supervivientes de los campos de prisioneros de guerra confederados durante la guerra civil de Estados Unidos (1861-1865).

Para ello, compararon la longevidad de los hijos de los veteranos que fueron prisioneros con la de los hijos de los soldados que no lo fueron y comprobaron que, en las mismas circunstancias y a la misma edad, los hijos de los soldados que pasaron por la cárcel tenían el doble de probabilidades de haber muerto. Incluso dentro de la misma familia, los hijos que el prisionero de guerra tuvo después de sobrevivir a uno de esos campos tenían hasta 2,2 veces más probabilidades de morir antes que sus hermanos (nacidos antes de la guerra) a la misma edad.

Los traumas generan traumas en los descendientes a un nivel profundo. Este es un tema apasionante porque abre muchas posibilidades para conocernos mejor y así prevenir el sufrimiento, tanto físico como emocional. Existen varias investigaciones sobre la aplicación de la epigenética en el ámbito de la psiquiatría y la pediatría. Una de las primeras cosas que nos preguntan los psicólogos o terapeutas infantiles a los padres cuando acudimos a consulta es cómo fueron el embarazo y el parto de los hijos, si se adelantó, si el nacimiento fue fácil o complicado, si se produjo algún tipo de problema. Intentan descifrar si determinados comportamientos de un niño se han visto influidos por ese tipo de circunstancias. Diversos estudios sostienen que los factores ambientales, en especial los intrauterinos y las experiencias de los primeros años de vida, pueden dar lugar a cambios epigenéticos que aumentan las posibilidades de sufrir enfermedades como el cáncer, la obesidad o hasta la depresión.

Cuando compartí unas horas con Carlos San Juan, el médico jubilado que ha liderado la movilización de «Soy mayor, no idiota», me sobrecogió su claridad en cuanto a determinados asuntos. Por supuesto, el ya comentado de la vulnerabilidad emocional de los mayores o también su relativización del sufrimiento. Esa frase, «Nunca subestimes el sufrimiento de la persona que tienes enfrente», todavía la tengo clavada. Pero lo que más me sorprendió es cuando me comentó totalmente convencido que somos menos libres de lo que imaginamos: dependemos mucho de los genes, no solo en cuestiones relacionadas con la longevidad o determinadas enfermedades, sino también en cuanto que el carácter y los trastornos se heredan. «Necesitamos mucho autoejercicio y muchas motivaciones. El sufrimiento hay que pasarlo. O mueres o te fortalece», me dijo mirándome fijamente a los ojos.

Lo que realmente me interesa de todo lo relacionado con la epigenética es cómo todo eso puede impactar en mis hijos y en los hijos de mis hijos y cómo la huella de mis antepasados ha influido en mí. No puedo actuar sobre esto último, no tengo ningún poder sobre ello, pero sí sobre Victoria y Lucas y sobre lo que ellos vayan a vivir y transmitir a su vez a sus descendientes. Y esa responsabilidad sí la quiero asumir y liderar. No quiero seguir siendo una víctima de los déficits que pudieron tener mis antepasados, ni quiero que lo sean mis hijos y no voy a seguir culpando a mis padres de mis bloqueos emocionales. Toda esta toma de conciencia te ayuda a afrontar mejor la vida, a sentirte mejor contigo mismo, a tener más paz y ser más capaz de cuidarte a ti y a los demás.

Mucho de nuestro ser se encuentra en nuestros antepasados. No solo heredamos una serie de rasgos físicos, sino que los traumas, éxitos, secretos, vivencias y aventuras de nuestros ascendientes dejan huellas profundas en todas las generaciones siguientes.

Tus padres y ascendientes,
¿víctimas o culpables?

Igual que no podemos resistirnos a buscar porqués, también nos esforzamos por encontrar culpables de nuestros fracasos o desgracias. Culpable de que no sea capaz de comprometerme, de que no pueda profundizar en las relaciones amorosas, de que reaccione siempre mal a las ideas de mis jefes, de que no soporte dejar la cocina sin recoger, culpable de que no haya aprendido bien un idioma, de que no tenga el trabajo que creo que merezco... Es agotador. Pero lo peor es que, generalmente, los culpables de muchas de nuestras frustraciones son nuestros padres, así lo hemos decidido. Descargamos en ellos la responsabilidad de nuestros sueños rotos.

Por supuesto estoy hablando de padres que intentaron hacerlo lo mejor que sabían, padres que nos han ofrecido una buena vida, una gran vida, incluso. Padres que se han esforzado porque tuviéramos cubiertas todas las necesidades fundamentales y las no tan fundamentales. Padres que vivieron la posguerra y que fueron capaces de alcanzar para ellos y sus hijos niveles de bienestar muy altos. Padres que nunca abusaron física o psicológicamente de sus parejas o de sus descendientes y que nos protegieron del dolor y el sufrimiento. He conocido a víctimas de abusos sexuales intrafamiliares, a víctimas de maltrato por parte de sus progenitores, a hijos de padres alcohólicos. Eso, desde luego, deja una huella y un impacto profundos. Pero yo no me refiero a esos padres, hablo de familias de clase media que prosperaron en los ochenta y los noventa y cuyos hijos, o sea yo mismo, hemos tendido a culpabilizarlos de nuestros pequeños o grandes traumas burgueses.

No soy psicólogo, pero sí he ido a terapia y he compartido conversaciones con amigos que también lo han hecho durante años. En una de esas charlas, mi amigo Jose Carnero, creador de la Fundación Unoentrecienmil, me contó algo que cambió mi visión sobre mis padres: «Ahora soy consciente de que mis padres han sido culpables, pero también víctimas. He entendido que si hay aspectos de su forma de relacionarse conmigo que no me hacen feliz o que creo que me han perjudicado, lo más normal es que ellos hayan sido "víctimas" en su vida de comportamientos similares, posiblemente de sus padres, abuelos u otros familiares».

Durante años tuve algún comportamiento del que no me siento orgulloso, tanto con mi pareja como con mis hijos. Miro hacia atrás en mi infancia y adolescencia buscando las razones de mi analfabetismo emocional. Ese que cultivé durante años y que acabó generando hábitos, malos hábitos. Pero ¿qué derecho tengo a seguir culpando a mis padres o abuelos de mi conducta cuando tengo más de cuarenta años? Ni víctimas ni culpables. Como adulto responsable no debo volver a repetir jamás aquello que identifique que pueda hacer daño a los demás y a uno mismo, así conseguiré que ese tipo de actitud no caiga en cascada en mis hijos y se reproduzca en nuevas generaciones. Con todos los recursos que tenemos a nuestro alcance, con todo lo que podemos aprender sobre psicología, emociones y comportamiento, debemos dejar de culpar a nuestros padres.

Igual que no podemos resistirnos
a buscar porqués, también nos
esforzamos por encontrar culpables
de nuestros fracasos o desgracias
y descargamos en nuestros padres
la responsabilidad de nuestros
sueños rotos.

Lo que aprendí entrevistando
a mi padre y a mi madre

El escritor sueco Henning Mankell es mundialmente conocido por sus novelas policiacas protagonizadas por el inspector Kurt Wallander, de las cuales vendió millones de ejemplares. Sin embargo, lo que más le emocionó, al menos ya en su edad adulta, fue ser embajador mundial de un proyecto de memoria colectiva en Uganda llamado «Memory Books».

«Estos libros de memorias, semejantes a pequeños cuadernos de ejercicios, con fotografías pegadas y redactados por personas casi analfabetas, podrían ser los más importantes documentos que se habían escrito en nuestra época», escribió en su ensayo *Moriré, pero mi memoria sobrevivirá*. Mankell fue durante muchos años el director del Teatro Avenida, en Maputo, Mozambique. Allí, a finales de los ochenta y durante toda la década de los noventa, conoció de cerca el VIH, los estragos que causaba, los miles de muertes provocadas y las familias destrozadas, con huérfanos que tenían que salir adelante siendo apenas adolescentes. Por eso se enamoró de «Memory Books», una iniciativa de una pequeña ONG ugandesa que consistía en ayudar a madres y padres que estaban cerca de morir a preparar una suerte de álbum familiar. Se trataba de transmitir su historia y los aprendizajes fundamentales que ayudarían a sus hijos a sobrevivir. Es curioso que un escritor que tiene decenas de novelas, que tuvo un éxito profesional indiscutible, sintiera tanta pasión por su lado más social, más solidario. Imagino que, de nuevo, tiene que ver con el egoísmo del bueno, con sentirte realizado y reconocido al mismo tiempo que haces mejor la vida de otras personas. Y supongo que, como con casi todo en la vida, tienes que vivir para entender. Mankell pasaba la mitad del año en Mozambique, tenía un contacto directo y honesto con la realidad africana.

Conocí los libros de memoria en 2011 y, como Mankell, me enamoré de ellos. Durante varios años intenté que alguna empresa realizara un proyecto similar en España. Creo que hubiera sido muy valioso, sobre todo en la pandemia. Y también entendí que no necesitaba a nadie para construir mi propio libro, pero no el de mis memorias, sino el de las de mis padres. No debían ser mis padres los que hicieran este ejercicio, ellos no lo necesitaban, pero yo sí.

El 25 de diciembre de 2019 murió José Antonio Ritoré Barona, mi padre. No pudo despedirse, no pudimos despedirnos. Eso nos rompió el corazón a todos. Sobre todo a mi madre, claro. En realidad se había estado despidiendo desde que el 9 de diciembre de 2019, en el 55 aniversario de su boda, nos reunió a todos y celebró una gran fiesta. Mi madre y él estaban pletóricos, elegantes como siempre lo han sido. A pesar de que claramente él estaba ya consumido por su delicado corazón y sus menguantes riñones, salió a bailar. ¡Y cómo bailó! Fue emocionante ver ese minuto en el que volvieron a sentirse jóvenes, llenos de vida, como cuando tenían diecisiete años y pasaban las tardes en la pista del Samby, en Las Navas del Marqués.

La realidad es que no pude decir adiós a mi padre. Y eso me sigue atravesando tiempo después. A las seis de la tarde del día de Navidad de 2019 le bajaron de la octava planta a la UVI del Hospital La Luz. «Si no le bajamos, no dura ni doce horas», le dijo el doctor de guardia a mi hermano. No duró ni dos. Maldito hospital. A las 20.45 falleció y el equipo médico no tuvo tiempo de avisar a mi madre o a mis hermanos, que esperaban fuera, a veinte metros de la sala en la que el corazón de mi padre dejó de latir para siempre. Yo me había ido a eso de las cinco de la tarde, tras comer con mi madre y subir a visitarlo junto con mis hijos. Parecía que viviría, que todavía había esperanza, incluso cuando los niños salieron por la puerta de su habitación les dedicó una sonrisa pura y sincera. Me emociona pensar que mis hijos vieron por última vez a su abuelo sonriendo. A pesar de todo el dolor que debía de tener, mi padre sonrió por última vez a sus nietos. Al menos en esa despedida había alegría. Es inconcebible pensar que alguien pueda sonreír a un niño como lo hizo él y morir unas horas después.

En los días previos a su muerte, mientras estaba ingresado en el hospital, pude seguir hablando con él de cine y de música. De hecho, si tanto amo el cine es sin duda gracias a las películas y directores que me enseñó de pequeño: John Ford, Hitchcock, Billy Wilder, Coppola... La última que vimos juntos en un cine, a finales de 2016, fue *El hombre que mató a Liberty Valance*. Lo recuerdo como uno de los momentos más felices de mis últimos años a su lado.

Meses antes de morir había entrevistado a mi padre en varias ocasiones. Quería conocerle y conocerme mejor. Entender mi pasado, mi equipaje emocional. También buscaba que me contara los valores y enseñanzas que creía que debíamos aprender sus hijos, sus nietos, sus bisnietos. ¿Qué legado quería dejarnos? Es evidente que el legado más importante que cualquiera de nosotros puede dejar en vida son nuestros actos. Ahí está todo: principios, creencias, debilidades, miedos. Ahora, mirando hacia atrás, me enorgullece haber podido compartir esos momentos, esas conversaciones, porque, aunque fuera al final de su vida, entendí quién era mi padre y quién era yo. Si nunca has hecho algo parecido con tus padres y estás a tiempo, ¡hazlo! No esperes. Dedica tiempo a entenderles, a quererlos, a que te transmitan su legado vital.

Mi padre se parecía bastante a su padre, lo cual es lógico. Por supuesto, también a su madre, pero él mismo decía que le influyó más su padre. De hecho, las principales ideas que compartió conmigo en esas entrevistas se las legó mi abuelo.

«Me inculcó dos ideas clarísimas. Una, la de la decisión. Yo tenía quince o dieciséis años y ya sabía que iba a estudiar la carrera de Derecho. Entonces me dijo: "Tienes que decidir, no se te ocurra dejar las cosas sin decidir. Decide, aunque te equivoques". Eso me ha servido mucho, sobre todo para el ejercicio de la profesión. La segunda es el sentido de la responsabilidad, mi padre era un hombre muy responsable, muy serio, y eso también me lo llevé yo a mi vida».

Tomar decisiones. Durante mucho tiempo me ha costado mucho hacerlo. Mejor dicho, me ha costado mucho cuando he reflexionado demasiado sobre las ventajas e inconvenientes de tal o cual acción. Más que reflexionar, teorizaba sobre las consecuencias y eso dilataba el proceso y lo hacía agotador. Este es sin duda uno de los grandes hallazgos de estas entrevistas: toma decisiones, aunque te equivoques. Las experiencias más dolorosas y traumáticas de mi vida han sido fruto de un proceso mental y discursivo largo y errático.

Pablo d'Ors, el filósofo y teólogo que se hizo popular con su libro acerca de la meditación, *Biografía del silencio*, explica que es mucho mejor pensar menos y abrazar más la intuición del primer impulso, «cuando reflexionamos solemos complicar las cosas, que suelen presentarse nítidas y claras en un primer momento. Casi ninguna reflexión mueve a la acción; la mayoría conduce a la parálisis. Pensamos mucho la vida, pero la vivimos poco», afirma.

Mi padre, lógicamente, tomó muchas decisiones: estudiar Derecho, entrar a trabajar en la empresa de su padre, enamorarse. Mi madre y mi padre estuvieron siempre juntos. Tuvieron tres hijos, yo soy el menor, y puede decirse que han disfrutado de una buena vida, una gran vida, aunque las graves enfermedades sufridas ya cerca de la vejez hayan oscurecido los años dorados.

«¿Cuáles son tus recuerdos más felices de los primeros años de matrimonio?», le pregunté una de esas mañanas de confidencias al calor de un café. «Pues íbamos todos los veranos a la playa quince días y luego a la sierra, a Las Navas del Marqués, como familia discreta y normal. No había nada que se saliera de lo normal. Teníamos una vida muy normal y feliz».

«¿Y qué has aprendido en la vida que te gustaría transmitir de generación en generación, qué quieres que sepan sobre la vida tus hijos y tus nietos?», añadí.

«Hombre, en lo profesional, esfuerzo y sacrificio. En lo personal, honestidad y dignidad, que son los principios fundamentales. Y disfrutar de la vida. Disfrutar de las pequeñas cosas. Como decía Luis Buñuel en una entrevista que vi en televisión y que me dejó marcado: "En la vida lo que hay que hacer es ser vulgar, hacer cosas muy vulgares y elementales para ser feliz". La vida es normalidad y vulgaridad, decía Buñuel en esa entrevista y yo lo he intentado aplicar a mi vida».

Si yo tuviera que hacer este ejercicio ahora, estaría de acuerdo en mucho de lo que me contó mi padre: esfuerzo, honestidad, dignidad, disfrutar de cada día, de las pequeñas cosas. Y añado alguna reflexión más. Una se la escuché al filósofo Joan-Carles Mèlich y tiene que ver con que somos más lo que nos sucede que lo que planificamos o decidimos. Es decir, aunque lo creamos, no tenemos el control de muchas cosas. Y es muy importante tener esto muy presente. La segunda es que, siempre que puedas, ayuda, echa un cable, a tus padres, a la familia, a un desconocido, participa en la comunidad, dedica un tiempo al bien común, invierte en dar porque, al final, el beneficio es tuyo.

No se te ocurra dejar las cosas
sin decidir. Decide, aunque
te equivoques.

Mi madre, y posiblemente la tuya

«Vuela amigo, vuela alto... La gente tira a matar cuando volamos muy bajo», suena la voz envolvente de Julio Iglesias en un radiocasete de la marca Aiwa, doble pletina, que mi madre conserva en la cocina de la casa de Las Navas del Marqués. Al lado del bafle se acumulan más cintas originales del propio Julio, de Neil Diamond o de Paloma San Basilio; también muchas TDK, con grabaciones de la radio, sobre todo de M80, realizadas por ella de forma artesanal durante interminables veranos. Ahora estamos en el mes de julio de 2020 y de pronto siento como si el tiempo se hubiera quedado suspendido en esta esquina y María del Pilar Brú Gómez, mi madre, y yo hubiéramos retrocedido a 1995, cuando Julio Iglesias triunfaba con su álbum *La carretera*. Julio es su artista español favorito.

Ella nunca tira nada, es una activista radical contra la obsolescencia programada. Ropa, lámparas, electrodomésticos, cintas de casete..., y el caso es que la mayoría de los objetos que se resiste a abandonar siguen funcionando. Hay algo épico en esa actitud, una obstinación admirable. Siempre ha sabido optimizar al máximo la economía doméstica. Creo que esa es una cualidad fabulosa que tienen muchas madres de su generación. Cuando hablo con amigos y amigas descubro que esas mujeres, tanto las que trabajaron solo en casa como también las que lo hicieron fuera, entregaron buena parte de su vida a tareas, como los cuidados domésticos, que no han sido reconocidas socialmente. Es una losa que pesa sobre esa generación y, especialmente, sobre aquellas que primero cuidaron de sus maridos, luego de sus hijos y, para terminar, de sus padres.

En los cincuenta y cinco años que mis padres pasaron juntos, ella, además de encargarse de la conservación de todos los enseres, fue siempre la que nos velaba las noches de fiebre, la que nos cuidaba y daba el Clamoxyl y las friegas de alcohol de romero cuando asomaba la faringitis. Era cuidadora, y no solo de su familia, sino también del hogar y las finanzas domésticas. Fue la que llevó el peso de la casa y de los hijos. Y eso es algo de lo que se siente orgullosa, algo de lo que presume: su trabajo y sacrificio en casa y sus cuidados nos han permitido disfrutar de un muy buen nivel de vida. Somos el ejemplo canónico de una familia del *baby boom* que prosperó en el tardofranquismo y la Transición. El caso es que en el currículum de mi madre figuran miles de horas de trabajo en el hogar, de organización de la economía familiar y de grabación de canciones de la radio para luego escucharlas, treinta años después, en el mismo aparato de música en el que sonaba Julio Iglesias en su edad dorada.

«Que sepas que mi vida ha sido feliz», me contaba una sobremesa pospandemia. Al igual que hice con mi padre, quise entrevistar a mi madre, preguntarle por su infancia, su adolescencia, sus padres, sus momentos de mayor felicidad, sus apegos, sus frustraciones y, finalmente, los valores o aprendizajes que le gustaría que siempre perduraran y vivieran en sus hijos y nietos.

«Para mi gusto, lo esencial y lo primordial es la familia. Nada lo iguala. Si una familia permanece unida y tiene valores y se quieren y se respetan, van a tener muchos momentos de felicidad».

Mis padres fueron sobre todo felices en Las Navas del Marqués, el pueblo de Ávila donde se conocieron y pasaron los veranos desde que hay memoria. En nuestras conversaciones de estío salieron con frecuencia diferentes episodios y anécdotas de aquellos tiempos: los nombres de todas y cada una de las casas que alquilaban, los bailes, los guateques, las excursiones al río, los primeros besos y también, claro, las historias prohibidas y los secretos familiares inconfesables. «Como me preguntas, te voy a contar», me dice sonriendo. Supongo que todos necesitamos, en un momento dado, compartir historias que hemos guardado cerradas con llave durante mucho tiempo. Ella me entrega esos recuerdos y vivencias para que yo los custodie, mientras Julio suena como si fuera agosto de 1995, «Bamboleiro, bamboleira. Porque mi vida yo la he aprendido a vivir así».

Lo esencial y lo primordial es la familia. Nada lo iguala. Si una familia permanece unida y tiene valores y se quieren y se respetan, van a tener muchos momentos de felicidad.

MARÍA DEL PILAR BRÚ

La redención de Carlito Brigante

Me fascinan las historias de redención. Sobre todo en el cine. Personajes que tienen un pasado atormentado y que después de algún episodio vital transformador deciden cambiar, se resisten a su destino natural, generalmente vinculado al fracaso. Me gusta especialmente esta trilogía de películas: *Drugstore Cowboy* (Gus Van Sant, 1989), *Light Sleeper* (Paul Schrader, 1992) y, sobre todo, *Carlito's Way* (Brian de Palma, 1993).

La última, traducida en España como *Atrapado por su pasado*, cuenta la historia de Carlito Brigante, un traficante puertorriqueño, interpretado por Al Pacino, que tras cinco años en la trena, sale a la calle dispuesto a no volver a caer en el abismo del tráfico de drogas. Carlito quiere reunir el dinero suficiente para huir de Harlem y montar un negocio de alquiler de coches en Bahamas. «*I do not invite this shit, it just comes to me. I run, it runs after me. Got to be somewhere to hide*», dice la voz en off de Carlito después de que sus planes empiecen a torcerse.

Ya las primeras escenas de la película son un presagio de que los sueños de Carlito serán imposibles de alcanzar. La lealtad mal entendida y los favores que tiene que devolver a sus supuestos amigos le impiden encontrar ese lugar en el que esconderse. Pero hay un momento de luz, pura emoción, con el que se adivina cierta esperanza en el futuro. Carlito ha ido a buscar a su amor, Gail, interpretada por Penelope Ann Miller, a la escuela de danza en la que ella hace ballet clásico. Está lloviendo a cántaros, Carlito la sigue por la calle y antes de que pueda alcanzarla, ella entra en la academia y él decide subir a la azotea del edificio de enfrente para contemplarla mientras baila. Y así, bajo un intenso aguacero, la cámara se acerca lentamente a la mirada absolutamente enamorada de Al Pacino, a la vez que el contraplano se adentra en la sala donde Gail danza al son de la maravillosa pieza «Dúo de las flores», de la ópera *Lakmé*.

Me fascinan estas historias porque en realidad hablan del compromiso para llegar a ser la mejor versión de uno mismo. Hay una toma de conciencia, que es fundamental, y hay un plan de acción para cumplir el propósito que te has marcado. Y, en el camino, barreras, muchas: hábitos de los que no nos desprendemos, muros levantados por nosotros mismos, compromisos adquiridos anteriormente que, en realidad, no nos convenían o no los queríamos. Vuelvo a la frase del filósofo Joan-Carles Mèlich, «La vida no es tanto lo que planificamos o decidimos, sino lo que nos sucede», o, como diría Carlito: «*I do not invite this shit, it just comes to me*».

Al igual que Carlito, muchos de nosotros nos fijamos objetivos, nos comprometemos con ellos y luchamos contra todo tipo de obstáculos para alcanzarlos. No siempre vamos a tener éxito, pero si no nos ponemos en marcha nunca cambiaremos nada. Al final de su vida, muchas personas no se arrepienten de cosas que hicieron, se arrepienten de lo que no hicieron.

La vida no es tanto lo que planificamos o decidimos, sino lo que nos sucede.

JOAN-CARLES MÈLICH

O te comprometes o esto no va a funcionar

Cuando quedamos con un amigo para tomar un café, cuando le prometemos una recompensa a un hijo por realizar alguna tarea, cuando nos apuntamos al gimnasio..., la vida son compromisos y la clave es elegir aquellos que realmente nos van a ayudar a sentirnos bien con nosotros mismos y con los demás.

En una época de transición profesional decidí contratar a un coach. Me ayudó bastante, por eso no entiendo esas corrientes dogmáticas que cada cierto tiempo sacuden las redes sociales demonizando esa profesión. Es un rasgo característico de los españoles criticar despiadadamente a personas o situaciones sin tener, en muchas ocasiones, una información adecuada sobre lo que se critica. Mi coach descubrió mi gran vulnerabilidad: la dificultad para comprometerme. Para empezar, me dijo que o me conectaba con el propio proceso de trabajo que habíamos iniciado juntos o lo nuestro no iba a funcionar. Y es que nada más arrancar las sesiones, yo ya era presa del escepticismo, albergaba ciertas reservas, y eso se tradujo en desgana hacia casi todo lo que me proponía. En general, solo me vinculo con aquello que me enamora, e incluso estando enamorado, suelo perder fuerza a medida que el proyecto avanza y asoman nuevas musas. Y, muchas veces, estamos tan inmersos en un proyecto o en una relación que, cuando empieza a fallar algo, lo achacamos a factores externos, pero rara vez miramos dentro de nosotros mismos para comprobar cómo estamos.

Finalmente me comprometí, lo hice. De alguna forma, conseguí domar mi voluntad y ser bastante disciplinado. Creo que muchas veces nos viene bien que la obligación llegue de fuera, o que al menos tengamos a alguien que nos agite, que nos saque de nuestra complacencia. Cuando era un adolescente tuve que cuidar de mi abuelo Antonio, que pasaba temporadas de verano con nosotros, y hoy es uno de los actos de los que me siento más orgulloso. Al principio no entendí por qué tenía que hacerlo, pero no puse muchas pegas. Aquello me ayudó a conocerlo mejor, a quererlo más y, al mismo tiempo, me despertó el entusiasmo por la justicia social y la empatía con los que sufren. Cuando luego conocí a Carlos San Juan y él me explicaba la forma en la que tratamos a las personas mayores, me acordé mucho de mi abuelo.

Hoy me doy cuenta de que cada vez que le afeitaba o nos tomábamos una cerveza y unas aceitunas, estaba ayudándole tanto como me estaba ayudando a mí mismo. Me sentía un chico útil, que hacía algo que merecía la pena. Lo mismo le ocurrió a Paloma Pastor. Se comprometió con su hijo Mahesh y con los chicos que estaban en una situación similar a la vez que lo hacía con ella misma. Y descubrió el poder del egoísmo del bueno. Con cada nuevo paso que daba en su campaña de activismo se sentía más plena, más realizada. Anna González se aferró primero a la promesa hecha a su difunto marido, Óscar, y después, a medida que muchas familias víctimas de atropello se sumaron a su carrera, conoció el impacto positivo del altruismo que nace a partir del egoísmo.

El compromiso no solo es vital en aquellos que emprenden una causa o lucha, también lo es en los voluntarios. Todas las

ONG dan una formación a sus voluntarios y, sobre todo, les piden que cumplan un mínimo de dedicación, que suele ser de dos horas a la semana. En la residencia San Camilo, en Madrid, tienen una unidad de cuidados paliativos a la que acuden personas que saben que su muerte está cerca. Además de los profesionales, cuentan con un grupo de voluntarios que acompaña a estos enfermos terminales y a sus familias. Hay, por ejemplo, un voluntario que lleva años tocando el piano que se encuentra al lado de las habitaciones. Semana tras semana, año tras año, comprometido con la vida hasta el último instante.

La vida son compromisos y la clave es elegir aquellos que realmente nos van a ayudar a sentirnos bien con nosotros mismos y con los demás.

La pasión de los cohetes amarillos

Una de las cualidades fundamentales de los buenos activistas y de las personas comprometidas con causas sociales es la pasión. Si no arde dentro de ellos la necesidad de un cambio, de ayudar, de aportar, es muy difícil que tengan éxito. Estas personas convierten durante cierto tiempo su lucha en el centro de su vida. Normalmente lo que les lleva a ponerse en movimiento suele ser una pérdida o un drama personal, aunque no siempre es la muerte o la enfermedad de un familiar la chispa que enciende la mecha del activismo y del altruismo. También he conocido a personas que han conseguido logros increíbles cuya semilla fue su desmotivación laboral, la ausencia de un proyecto familiar, la canalización de algún sueño frustrado o la consecución de un reto personal.

Juan Carlos Arnanz encaja en el último apartado. Le conocí en 2009, cuando ambos trabajábamos en Caja Madrid. Me enteré de que un empleado organizaba cada año, sin apenas ayuda, un concierto que reunía a doscientos músicos profesionales y a un coro de cuatrocientas voces para recaudar fondos y entregarlos a diferentes organizaciones de prestigio (Médicos sin Fronteras, Ayuda en Acción...) con el objetivo de salvar vidas. Fui a uno de esos conciertos y lo que vi me sobrecogió.

«La única gente que me interesa es la que está loca, la gente que está loca por vivir, loca por hablar, loca por salvarse, con ganas de todo al mismo tiempo, la gente que nunca bosteza ni habla de lugares comunes, sino que arde, arde como fabulosos cohetes amarillos...». Esto que escribió Jack Kerouac es lo que sentí al ver a Juan Carlos en acción.

La energía que desprendían esos músicos y cantantes habría iluminado una ciudad durante días, los aplausos del público podrían haberse escuchado a kilómetros de distancia y el discurso que ofreció Juan Carlos desde el escenario fue tan sencillo como poderoso. Él trabajaba hasta las tres en una oficina en la calle Francisco Silvela de Madrid y por las tardes se vestía de voluntario para organizar uno de los eventos musicales más emocionantes a los que he podido asistir nunca. Cuando le entrevisté también sentí esa fuerza única, esa pasión.

«Después de un concierto me decía un fagotista que había aprendido a tocar con un nudo en la garganta. Es frecuente ver a los músicos llorar. En un concierto, al terminar, le dije al público: "Les habéis aplaudido como músicos, pero eso lo tienen todos los días. Por favor, aplaudidles como buenas personas". Ahí estaban los compañeros llorando. Esa concienciación de que su trabajo vale para algo es lo que marca la diferencia», me contaba. Todo eso se percibía en el concierto y hasta se puede sentir en los videos de las actuaciones de Voces para la Paz, así se llama su organización, que están en YouTube y que tienen millones de visualizaciones. Te invito a que agarres tu móvil o tu ordenador y busques en YouTube «Alatriste, Voces para la Paz», vas a alucinar.

Todo comenzó con un reto: dejar de fumar. Corría el año 1992 y Juan Carlos convirtió la nicotina en ayuda. Cada día, al llegar a casa, guardaba las ciento veinte pesetas de la cajetilla de Ducados que no había gastado en una caja «solidaria». Estaba reuniendo dinero para ayudar a una familia, a unos amigos que estaban pasando una mala racha. Cuando consiguió la cantidad suficiente se la entregó, pero ya no pudo detener su hábito. Siguió echando monedas en su hucha social y con ese dinero, en el año 98, pensó en grande. El huracán Mitch había producido una devastación sin precedentes en Centroamérica y decidió llamar a sus amigos, los músicos, para hacer su primer concierto solidario; de esta manera nacía Voces para la Paz. Como había sido cantante profesional en el coro de la Comunidad de Madrid y su causa era tan noble como honesta, decenas de músicos se sumaron. Y así ha sido siempre que los ha llamado.

La pasión de un cohete amarillo ha llevado a Juan Carlos a conseguir un triple objetivo: salvar miles de vidas en países de África y Sudamérica, hacer inmensamente felices a los músicos durante al menos un día al año, y dar un propósito a su vida.

He visto esa misma energía en muchas personas. La misma. Y también he visto que es un impulso que se entrena. Al igual que un músculo, que una destreza o una habilidad, la pasión por el altruismo requiere de preparación. Cuanto más la ejercitas, más se desarrolla. Empiezas creando una petición y sumando veinticinco firmas, o acudiendo dos horas a la semana a un comedor social o dando clases de español a una persona refugiada. El potencial es enorme y no suele desplegarse del todo a las primeras de cambio. La chispa está en todos nosotros, el cohete puede explotar si le damos un poco de mecha.

La pasión por el altruismo requiere de preparación. Cuanto más la ejercitas, más se desarrolla.

Pequeñas victorias cada día.
Para cambiar el mundo, hazte la cama primero

«Si haces tu cama cada mañana, habrás completado la primera tarea del día. Eso te dará una pequeña sensación de orgullo y te animará a hacer otra tarea, y otra y otra. Y al final del día, esa primera tarea realizada se habrá convertido en muchas. Hacer tu cama también reforzará el hecho de que las pequenas cosas de la vida importan. Si no puedes hacer bien las cosas pequeñas, nunca serás capaz de hacer bien las cosas grandes. Y si, por casualidad, tienes un día miserable, volverás a casa a una cama que está hecha. Una cama que tú has hecho».

Desde que conocí al comandante William Harry McRaven, mi primera tarea nada más levantarme es hacerme la cama. No he tenido el placer de encontrarme con William en persona ni le he entrevistado, lo encontré en YouTube, en un vídeo que recoge el discurso de graduación que dio a los estudiantes de la Universidad Texas en Austin (EE. UU.) en 2014. Ese vídeo se hizo tan popular que dio origen a un libro superventas y desencadenó multitud de artículos en prensa e internet.

El comandante explica que empezó su carrera militar en el programa de entrenamiento de los Navy Seals, una de las unidades militares de élite del ejército de Estados Unidos. En los seis infernales meses de adiestramiento que pasó en California descubrió algo que cambió su forma de entender la vida: si quieres cambiar el mundo, empieza por hacerte la cama.

Más allá de que por fin entendamos esa obsesión de los sargentos chusqueros en las películas bélicas por los embozos de las sábanas, el discurso y el posterior libro de McRaven son capaces, como solo saben hacer los buenos comunicadores estadounidenses, de convertir dos frases en eslóganes universales.

Me hago la cama cada mañana al despertarme. Sinceramente, no tiene mucho mérito porque solo sacudo la sábana bajera, estiro el nórdico y ahueco las almohadas; pero lo que importa es el simbolismo y no tanto la ejecución. Alguna mañana que me he levantado tarde y he tenido que apresurarme, he estado a punto de irme de casa sin hacerlo; pero incluso habiendo cerrado ya la puerta y empezado a bajar las escaleras hacia la calle, he vuelto para completar la primera tarea del día. Lo he convertido en un hábito y casi en una superstición.

Necesitamos rutinas y estructura para que nuestra vida sea más llevadera, y especialmente en nuestras horas más bajas. Empieza cada día por hacerte la cama y tú y el comandante William H. McRaven estaréis orgullosos.

Si quieres cambiar el mundo,
empieza por hacerte la cama.

Tres cosas buenas al día

Una vez que has hecho la cama, tu día puede ser una sucesión de pequeñas tareas que te ofrezcan una sensación de bienestar. ¿Lo has pensado alguna vez? ¿Has reflexionado sobre la cantidad de cosas que te ocurren al día que pueden considerarse buenas? Paloma Pastor sí, durante mucho tiempo se obligó a hacerlo.

Durante los días más oscuros en los que su hijo Mahesh se debatía entre la vida y la muerte tras el accidente, Paloma se obligaba, al terminar la jornada, a recuperar tres cosas buenas que le hubieran ocurrido. «Y las apuntaba. Llegaba a tenerlas... o las buscaba. Y eso me funcionaba. Y lo hice durante mucho tiempo». Se lo recomendó la psicóloga del Hospital Niño Jesús; quería que no se hundiera, que estuviera fuerte para poder cuidarse a sí misma y cuidar a su hijo. Y lo consiguió.

En muchas ocasiones, lo más sencillo es lo más eficaz. La dinámica de las tres cosas buenas la he usado en familia, en las cenas con mis hijos, como una forma de hablar del día, de comentar cada jornada y recordar todo lo bueno que hay en lo cotidiano. Ahora, piensa en tres cosas buenas que te hayan ocurrido hoy. Espera, además de hacer eso, podemos ir un paso más allá.

Cuando estaba en el colegio recuerdo con espanto el momento en que el profesor de latín o el de lengua, desde su tarima elevada unos cuarenta centímetros sobre el resto de la clase, escudriñaba el horizonte en busca de víctimas a los que preguntar la tercera declinación o el complemento directo en una oración subordinada. En aquel instante, los cuarenta alumnos de 1.º de BUP del centro Buen Consejo en Madrid intentábamos camuflarnos en el pupitre, hacíamos contorsionismos imposibles, agazapados detrás de la espalda de nuestro compañero de delante, para esquivar la mirada asesina del profesor. Cada vez que nombraba a alguien que no eras tú, respirabas aliviado. En esos momentos de pánico colectivo, uno de mis mejores amigos, Juan Manuel Zapatero Baeza, hacía algo que yo no comprendía: casi siempre salía voluntario. Él y otra chica canaria, cuyo nombre no recuerdo. Tenía dos razones para hacerlo. La primera es que, aunque no se supiera bien la lección, el profesor era indulgente y le valoraba positivamente, incluso aunque se lo supiera a medias. La segunda era la chica.

En la madurez he comprendido que lo mejor para afrontar situaciones que te pueden causar cierto nerviosismo o tensión es tomar la iniciativa, ser el primero. En Change.org he vivido muchas dinámicas de recursos humanos y de gestión de personas de esas que apasionan a los norteamericanos, dinámicas que buscan compartir emociones, decir en alto lo que opinas de tus compañeros y un largo sinfín. Y decidí casi siempre ser el primero en hablar. Y te sientes bien, te quitas la presión, lideras. Así que por eso te sugiero que al ejercicio de compartir tres cosas buenas que te han pasado durante el día le añadas una nueva capa: toma el control y proponte a diario hacer tres cosas buenas. Pequeñas o grandes, tú decides el compromiso; pero para mí algo bueno puede ser hablar con un familiar, interesarte sinceramente por su situación, escuchar y no juzgar. O proponer un plan o una solución a uno de los miles de problemas que cada día volcamos en los chats de padres y madres del colegio. O compartir una historia inspiradora en Facebook, o aportar tres euros en una emergencia humanitaria, o acudir un rato a echar una mano en Cáritas o en Cruz Roja. Hay cientos de acciones siempre a nuestro alcance, desde pequeñas hasta muy grandes, la cuestión es no tener miedo a salir a la pizarra.

Toma el control y proponte a diario
hacer tres cosas buenas.

Fitness o caos

Además de hacerme la cama, hay otras dos rutinas mañaneras que, cuando consigo completarlas, hacen que me sienta como un cadete recién salido de West Point. Una es la meditación y la otra salir a correr. Todavía estoy trabajando en comprometerme conmigo mismo para incorporarlas a mi día a día de forma disciplinada.

El ejercicio, sea cual sea, es un aliado para nuestra salud mental y física, por ese orden. Esto lo sabe todo el mundo y durante el confinamiento es algo que abrazaron millones de ciudadanos como nunca antes lo habían hecho. O *fitness* o caos.

El ejercicio, ya sea en casa, en la calle o, incluso, en un gimnasio, es íntimo amigo de la serotonina. Y esta palabra tan bonita resulta que es un neurotransmisor que regula nuestro sistema nervioso e influye de forma decisiva en nuestro estado de ánimo y sensación de bienestar. La Organización Mundial de la Salud recomienda realizar un mínimo de ciento cincuenta minutos de ejercicio a la semana, ya sea andar, nadar, bailar o correr. Ello nos garantizará mejor salud física y prevendrá el estrés, la ansiedad y la depresión. Se trata de que la serotonina nos salga por todas partes.

Hay centenares de estudios sobre los beneficios del deporte, sobre todo al aire libre, pero muchas veces nos cuesta comprometernos porque, lógicamente, requiere esfuerzo físico y mental y nos hemos acostumbrado a que las cosas sean fáciles. A menudo no es cuestión de motivación, es un asunto de disciplina. Como hacerse la cama por las mañanas. Y también he comprobado que el poder del grupo es un gran elemento de motivación. Si formas parte de un equipo de fútbol, o de baloncesto, o sales a correr o a caminar en compañía de otros, resultará más fácil mantener el compromiso, porque hay otras personas implicadas y, en general, no queremos defraudar a los demás.

El ejercicio, ya sea en casa,
en la calle o, incluso, en un gimnasio,
es íntimo amigo de la serotonina.

Unoentrecienmil

El jueves 10 de febrero de 2011 salí de una entrevista con una sensación difícil de describir. Era la primera vez desde que me dedicaba al periodismo y escribía sobre derechos humanos y voluntariado social en la que un entrevistado me lanzaba una suerte de profecía, de presagio misterioso. Yo había acudido a las oficinas de una agencia de publicidad llamada Kitchen. Iba a hablar con su presidente, Jose Carnero, que llevaba varios meses escribiendo en el blog *Uno entre cien mil*, donde contaba la enfermedad de su hijo Guzmán: tres años de vida y una leucemia linfoblástica aguda. Lo que me enganchó de aquel blog es que había más luz que oscuridad, más esperanza que desconsuelo. Lo había concebido como la mejor forma de mantener informada a la familia y a las decenas de amigos que le escribían y se interesaban por Guzmán y, al mismo tiempo, como un espacio para canalizar los buenos deseos y la energía de toda esa gente.

Al finalizar la entrevista, Jose me soltó: «Sabes que este encuentro no ha sido casualidad, ¿verdad? Aquí hay un porqué y un para qué. Estoy seguro de que esto es solo el principio de algo». Un año y medio después de aquella charla, su amiga de la universidad, María García y yo estábamos ayudando a Jose a crear la Fundación Unoentrecienmil, la primera dedicada íntegramente a buscar la curación de la leucemia infantil a través de la investigación. En diez años hemos destinado más de cuatro millones de euros a financiar a decenas de científicos e investigadores en España, y sabemos que algún día, cuando un médico tenga que dar el diagnóstico de esta enfermedad a una madre y a un padre sobre su hijo, dirá: «No os preocupéis, es solo leucemia».

Aquella entrevista con final misterioso desembocó en un proyecto emocionante al que se han sumado miles de personas. Ahora contamos con más recursos y con el apoyo de numerosos socios y famosos, como Penélope Cruz, que es la madrina de la organización y que nos regaló un documental maravilloso llamado *Uno*. Sin embargo, lo que recuerdo con más cariño y emoción son los dos proyectos iniciales que lanzamos. Uno fue con el que recaudamos los primeros mil euros: un cumpleaños que celebramos de forma conjunta en el parque del Retiro, en uno de los parterres, rodeados de amigos. La vida sencilla, que diría mi padre.

Tras esa fiesta lanzamos una segunda iniciativa, el Proyecto Corre. Normalmente las ideas más brillantes también son las más sencillas. Y este proyecto consistía en crear un dorsal virtual que una persona podía comprar por un euro y descargar desde la web para utilizarlo en cualquier carrera que quisiera. De esa forma, cada vez que corriera también lo estaba haciendo para derrotar a la leucemia infantil. Para lanzar la idea, creamos una campaña de publicidad en la que grabamos una serie de vídeos entrevistando a personajes famosos que compartían lo que para ellos significaba correr. Jon Sistiaga, Carmen Posadas, Marlango, Juan Diego Botto y el «Cholo» Simeone participaron de forma desinteresada en el proyecto y nos regalaron algunas ideas y reflexiones que numerosos años después sigo evocando. De hecho, algunas de ellas han cobrado ahora más sentido para mí.

«A mí correr me hace escaparme un poco de todos y estar conmigo mismo», confiesa el Cholo en su entrevista. De alguna forma, en el correr está el alma más íntima del ser humano y también su carácter más irreductible y obstinado. Correr significa estar solo, en una soledad buscada, deseada, no forzada. El famoso escritor Haruki Murakami afirma: «Mientras corro, tal vez piense en ríos. Tal vez piense en las nubes. Pero, en sustancia, no pienso en nada. Simplemente sigo corriendo en medio de ese silencio que añoraba». El novelista japonés tiene un libro, *De qué hablo cuando hablo de correr*, en el que reflexiona sobre su experiencia entrenando y corriendo maratones al mismo tiempo que también indaga en los misterios de la escritura. De hecho, para él, correr y escribir son casi lo mismo, «la mayoría de lo que sé sobre la escritura lo he ido aprendiendo corriendo por la calle cada mañana».

En otro momento del vídeo, Simeone afirma: «Yo creo que uno en la vida corre solo y el correr solo te tiene que hacer más fuerte para hacerte dar cuenta de que si vos estás fuerte, todo sale mejor». Aunque no esté considerado un filósofo, esas palabras del Cholo me atraviesan porque hablan de asumir la responsabilidad, de tomar la iniciativa, de saber que, al final, estamos solos. Y necesitamos estar fuertes para dar lo mejor de nosotros mismos. Sin embargo, siendo consciente de que muchas veces vamos a tener que domar la soledad, creo que correr acompañado tiene muchas más ventajas que hacerlo solo. No soy un gran corredor, pero cuando salgo a entrenar con amigos, llego más lejos y con menos esfuerzo. Conversamos, nos animamos unos a otros, nos damos aliento. La vida es mejor cuando corres acompañado.

Necesitamos estar fuertes para dar
lo mejor de nosotros mismos.
Sin embargo, siendo consciente
de que muchas veces vamos a tener
que domar la soledad, creo que correr
acompañado tiene muchas más
ventajas que hacerlo solo.

El contacto con la naturaleza
y la desobediencia civil

Henry David Thoreau fue un filósofo y naturalista norteamericano del siglo XIX. Sus enseñanzas y experiencias sobre la importancia de conectar con la naturaleza y vivir en armonía con los recursos de los que disponemos se han puesto de moda en los últimos años. La fiebre por lo sostenible, la vida «bio» y lo orgánico han actualizado el interés por el pensamiento de un pionero absoluto. Y no solo en el ámbito del ecologismo, sino también en el del activismo. Thoreau es, además, el creador del concepto de «desobediencia civil», que explicó en un escrito del mismo nombre publicado en 1849 y cuyos postulados han sido la base de todos los grandes movimientos sociales posteriores, desde el liderado por Gandhi hasta las revoluciones de la era moderna, como el 15M o Occupy Wall Street.

Hoy, ecologismo y activismo civil son conceptos que percibimos casi como hermanos y que Thoreau entendió que debían funcionar juntos. Unos años después de publicar *Desobediencia civil*, editó *Walden. La vida en los bosques*, un libro que recogía sus vivencias después de haber pasado dos años, dos meses y dos días viviendo solo, en una pequeña cabaña de madera construida por él mismo, en la laguna de Walden, en Massachusetts (Estados Unidos).

«Fui a los bosques porque quería vivir con un propósito; para hacer frente solo a los hechos esenciales de la vida, por ver si era capaz de aprender lo que aquella tuviera por enseñar, y por no descubrir, cuando llegara mi hora, que no había siquiera vivido», escribe. Thoreau pasaba horas sentado en la puerta de su cabaña sin hacer nada, simplemente observando, escuchando el sonido del bosque mientras el sol se ponía en el horizonte. «En ocasiones, después de haber tomado mi acostumbrado baño, me sentaba toda la mañana en el umbral de mi puerta hasta que el sol llegaba hasta lo más alto, y me ensoñaba entre pinos y nogales y zumaques, en soledad y calma completa, mientras las aves cantaban a mi alrededor o revoloteaban sin ruido por toda la casa hasta que el sol que coloreaba mi ventana de poniente o el traqueteo de algún carro viajero en la distante carretera me hacían reparar en el tiempo transcurrido».

Este tipo de experiencias pioneras y, por tanto, únicas me asombran por su valentía y hasta me dan envidia por su ambición. Desde luego no voy a dedicar dos años de mi vida a construir una cabaña, plantar judías y pescar truchas, aunque daría para una buena continuación de este libro; pero sí que, como siempre, podemos extraer lo esencial del pensamiento de Thoreau y adaptarlo a la actualidad y a nuestras circunstancias.

Lo que he intentado aplicar de este filósofo a mi vida son dos cosas. Por un lado, en lo más personal, cotidiano, la importancia de ser consciente, aunque sea solo durante minutos o segundos, de nuestras interacciones con la naturaleza, de hundir los dedos de los pies en la arena del mar mientras se retira la marea o de apoyarse durante unos instantes en la corteza resinosa de un pino. Por otro lado, en lo profesional, he visto que los fundamentos de su desobediencia civil han informado e inspirado tanto a personas como a movimientos sociales que han sido básicos en los últimos años.

«Estamos acostumbrados a decir que las masas no están preparadas; pero las mejoras son lentas, porque los pocos no son ni materialmente más sabios ni mejores que los muchos. No es tan importante que muchos sean tan buenos como usted, como que haya alguna bondad absoluta en alguna parte, porque ella será la levadura para todo el conjunto».

Una bondad absoluta que sea la levadura de todo el conjunto. Creo que todos, en algún momento, hemos visto y sentido esa «bondad absoluta». Quizá en algún miembro de la familia, en algún amigo o en algún activista. Y es verdad que esa capacidad enamora y contagia, se propaga, inspira. Thoreau se negó a pagar impuestos cuando su país entró en guerra con su vecino México, le parecía inmoral financiar la muerte de inocentes. Llegó a pisar la cárcel por su rebeldía, pero él lo vio como algo natural: «Bajo un gobierno que encarcela injustamente, el verdadero lugar para un hombre justo está en la cárcel».

No es tan importante que muchos sean buenos como que haya alguna bondad absoluta en alguna parte, porque ella será la levadura para todo el conjunto.

Entregarse por completo

«Tengo dos clases de problemas, los urgentes y los importantes. Los urgentes no son importantes, y los importantes nunca son urgentes».

Esta frase, pronunciada en 1954 por el general y 34.º presidente de Estados Unidos, Dwight D. Eisenhower, inspiró al escritor Stephen R. Covey para crear una de las herramientas de gestión del tiempo más famosa y eficaz de toda la historia. Para ayudarnos a organizar nuestras prioridades, propone que creemos una matriz con dos ejes, como la que se muestra en la página siguiente. En el horizontal incluimos dos categorías: urgente y no urgente. En el vertical otras dos: importante y no importante. Una vez hecho esto, pasamos a incluir cada una de las actividades y compromisos de nuestra vida profesional y personal en uno de los cuatro cuadrantes resultantes.

Un ejercicio previo a rellenar esa matriz es definir claramente lo que es importante y lo que es urgente. Y eso solo lo sabremos si tenemos muy claro lo que queremos hacer con nuestra vida, si hemos puesto el foco en nosotros mismos o lo hemos puesto fuera de nosotros.

Covey es el autor de uno de los libros de cabecera de casi cualquier coach, *Los 7 hábitos de la gente altamente efectiva*, un

	URGENTE	NO URGENTE
IMPORTANTE	Cuadrante I Urgente e importante **HAZLO**	Cuadrante II No urgente pero importante **PLANÉALO**
NO IMPORTANTE	Cuadrante III Urgente pero no importante **DELÉGALO**	Cuadrante IV No urgente y no importante **ELIMÍNALO**

clásico del desarrollo personal escrito en 1989 y que apenas ha perdido vigencia. Nacido para aplicarse sobre todo al campo de la empresa y los negocios, contiene valiosas lecciones también para la vida personal y social. Me llama especialmente la atención una cita que el autor recoge y que pertenece a Dag Hammarskjöld, ex secretario general de Naciones Unidas: «Es más noble entregarse por completo a un individuo, que trabajar con diligencia por la salvación de las masas».

Para Covey, esto significa que puedes dedicar un montón de horas a personas y proyectos que están «ahí fuera», pero sin embargo no conectar de forma profunda con tu familia, amigos o compañeros de trabajo. Construyendo sobre estas ideas, mi experiencia me dice que, por supuesto, puedes generar un impacto positivo en la sociedad dedicando tiempo y recursos de forma altruista a los demás, a los digamos «desconocidos». Puedes hacer voluntariado con personas mayores o ayudar a recoger plásticos en la playa o crear una campaña de firmas, pero la verdadera recompensa emocional duradera y contagiosa ocurre cuando también lo haces con tus personas más cercanas. Es decir, si aplicas la lógica altruista a tus círculos más próximos, tu nivel de satisfacción será más completo que si solo la aplicas a los más lejanos. Es otra forma de aproximarnos al egoísmo del bueno. Es, en cierta forma, una constatación de la teoría de William D. Hamilton: es importante que el altruismo beneficie a las personas con las que estás emparentado. Si tenemos esto claro, podremos ir colocando con más facilidad nuestras tareas en la matriz de importante-urgente.

Si aplicas la lógica altruista a tus círculos más próximos, tu nivel de satisfacción será más completo que si solo la aplicas a los más lejanos.

Busca un equipo.
Algunas personas van a impulsarte y tú a ellas

«Si quieres llegar rápido, ve solo; si quieres llegar lejos, ve acompañado». Escuché por primera vez este proverbio africano cuando tres nadadores aficionados se propusieron cruzar a nado la distancia que separa Mallorca de Menorca, cuarenta kilómetros, a beneficio de la Fundación Unoentrecienmil. Lo consiguieron, los tres llegaron victoriosos y, lógicamente, exhaustos tras doce horas en el mar, con picaduras de medusa incluidas. El éxito de semejante proeza deportiva se asentó en dos pilares: tener un propósito y trabajar en equipo.

El proyecto nació del empeño de un hombre que se sobrepuso a una dura pérdida personal. Jacobo Parages sufre espondilitis anquilosante desde mediados de los años noventa. Se trata de una enfermedad reumática muy dolorosa que provoca el endurecimiento paulatino de las articulaciones. Jacobo estuvo más de cinco años durmiendo sentado por los intensos dolores que sufría, hasta que descubrió que la natación le ayudaba a mitigar el padecimiento y a tener cierta calidad de vida. Pero él no se conformó con nadar dos o tres días a la semana durante treinta o cuarenta minutos, lo que habríamos hecho muchos. La natación se acabó transformando en su pasión y obsesión y decidió convertir su enfermedad en el punto de partida de un camino de superación y de consecución de retos personales.

En el año 2013 consiguió su mayor logro, cruzar el canal de Menorca, cuarenta kilómetros a mar abierto. Una proeza en la que fueron fundamentales no solo la determinación personal de Jacobo sino otros dos factores más: el fin solidario del reto deportivo y la aparición de dos compañeros de equipo, Félix Campano y Peio Ormazábal. Los tres nadadores no pararon de ayudarse durante todo el trayecto, haciendo bueno el proverbio africano.

Retos deportivos, proyectos sociales, descubrimientos científicos... Siempre necesitamos un equipo si queremos llegar lejos. Anna González fue la impulsora y artífice absoluta de la campaña que logró cambiar el código penal; su historia personal, su determinación, su propósito y su resiliencia lo hicieron posible, pero también el equipo que aglutinó a su alrededor. Por ejemplo, Michel Madoz, un barcelonés especialista en marketing y ventas que, tras ver un día a Anna en una entrevista en televisión, contactó con ella a través de Twitter para ofrecerse a ayudarla en las tareas de comunicación. Él es ciclista aficionado y cuando escuchó a Anna confesar su dolor y frustración ante los telespectadores, algo le hizo clic, se imaginó que ahí, en ese mismo plató, podía estar su mujer contando que había perdido a su marido atropellado y que no podía hacer justicia porque el código penal español no protegía a las víctimas.

Michel estuvo junto a Anna casi tres años, al principio dando ideas y consejos y conforme la campaña avanzaba y se hacía más grande e intensa, directamente gestionando la cuenta de Twitter de Anna, aprovechando cualquier oportunidad que daba la actualidad para llamar la atención de los políticos. También ejerció de barrera para protegerla del odio que campa a sus anchas en casi cualquier red social, especialmente en Twitter.

Michel se ocupaba de que los insultos y las amenazas no le llegaran, como una especie de guardaespaldas digital.

Y lo mejor es que para él, esos tres años de trabajo altruista han sido el proyecto de autorrealización más importante de su vida, un auténtico regalo por el que estará eternamente agradecido a Anna. De nuevo se confirma que cuando haces cosas buenas por los demás, te pasan cosas buenas.

En cualquier equipo lo normal es que siempre haya una persona que sea más cercana, más íntima, alguien que ejerce de salvavidas y de espejo al mismo tiempo, que es capaz de rescatarte cuando te hundes y de avisarte y ponerte frente a otra realidad cuando piensa que puedes estar equivocándote. Es importante rodearte de este tipo de personas y, si no las tienes a tu alrededor, buscarlas. En muchas ocasiones será tu pareja, porque te conoce muy bien y porque tenéis un proyecto de vida en común. Pero no siempre. Por ejemplo, en el caso de Paloma Pastor, su sostén durante la enfermedad de su hijo y los meses de recuperación fue su pareja; pero cuando se pasó al activismo y lo convirtió en su propósito, ese papel lo ha cumplido una de sus mejores amigas.

Cuando abordé este tema con Juan Carlos Quer, lo hice con la siguiente pregunta: «¿Quién ha sido tu principal apoyo en estos años?». Y él me respondió algo que yo no esperaba. Su principal apoyo era y es Diana. «Ella es la que me da la fuerza», me dijo. Me quedé sin respuesta durante unos segundos y él enseguida me habló de su abogado, una persona que ha llevado el proceso criminal más mediático de la historia reciente con total discreción y que se tomó el caso como si Diana fuera su hija. Ricardo Pérez Lama es el nombre de este abogado, teniente coronel del Cuerpo Jurídico Militar en excedencia.

Lo importante es que siempre haya alguien, porque, haciendo mi propia versión del proverbio africano: si quieres llegar lejos, ve acompañado; si no quieres llegar, ve solo.

Siempre necesitamos un equipo
si queremos llegar lejos.

La música, la literatura y el cine
pueden ayudarte

¿Cuál es la canción más triste de la historia? Quizá te haya venido a la memoria el *Adagio para cuerdas* de Barber, una obra que su autor compuso en 1938 y que luego retocó en 1967 para que la interpretara un coro de ocho voces. La BBC la eligió como la canción más triste de la historia. Además de sus méritos evidentes para recibir semejante distinción, hay algunos episodios que refuerzan la elección: por ejemplo, el hecho de haber sonado en diversos funerales de presidentes de Estados Unidos, en el memorial de las víctimas del 11 de septiembre o en pasajes melancólicos de películas como *Amélie* o *El hombre elefante*. Seguramente recuerdes la pesadumbre del adagio en la escena icónica de *Platoon* (1986) en la que el sargento Elías (Willem Dafoe) intenta escapar, pero es ametrallado por la espalda, cae al suelo de rodillas, y su último gesto es alzar los brazos al cielo en señal de ofrenda. La pieza de Barber es pura desdicha, pero, según Spotify, no es la más triste.

En efecto, en el mundo en que vivimos, donde los algoritmos saben más de tus gustos musicales que tú mismo, Spotify cuenta con una serie de herramientas de inteligencia artificial que le permiten analizar entre su ingente base de datos las canciones que resultan más tristes y las más alegres. Lo hace estudiando variables como el tono, el ritmo, el dinamismo y la energía de la composición. Y el resultado es sorprendente.

Según este algoritmo, la canción más triste de la historia sería *The First Time Ever I Saw Your Face*, de Roberta Flack (1972). Se trata de una balada romántica cuya letra ni mucho menos es la más depresiva que puedas imaginar, pero, claro, su cadencia, su tono pausado son lo que importan para el algoritmo. En el lado opuesto, la canción más alegre, *Hey Ya!* de Outkast (2003). Una mediocridad que tampoco destaca por su capacidad para levantar el ánimo. Es curioso que los algoritmos no sean capaces de analizar las letras de las canciones y, por otro lado, es alentador que, por ahora, tampoco entiendan de emociones o de talento.

Debo confesar que las recomendaciones semanales que me ofrecía el algoritmo de la aplicación en los meses de duelo fueron bastante acertadas en la medida en que eran lo que necesitaba en ese preciso momento. Y es sorprendente comprobar que, sin embargo, cuando a final de año Spotify te envía las canciones que más has escuchado (lo hace con todos sus usuarios), me he dado cuenta de que pese a las sugerencias de la inteligencia artificial, pese a que se supone que debería haber escuchado casi todo el tiempo canciones alegres, resulta que no, que me he empeñado en dedicar muchas horas a temas melancólicos o, al menos, no precisamente chispeantes: *Sara* (Fleetwood Mac), *Dreams* (The Cranberries), *The Lovers Are Losing* (Keane), *Hold On* (Tom Waits), *A dónde ir* (Viva Suecia), *California Stars* (Wilco).

Lo que sí recuerdo con total certeza y Spotify no puede decir lo contrario, es que el verano de 2019 escuché machaconamente una canción que suena en la encantadora película *La virgen de agosto* (Jonás Trueba, 2019). Ambientada en el Madrid de las fiestas de San Cayetano y la Paloma, en esos días de estío en los que la capital parece un pequeño pueblo, Soleá Morente canta desde la plaza de la Cebada: «Todavía tengo tiempo / todavía estoy aquí». Es decir, como seres humanos resilientes, cuando necesitamos un estímulo, una señal, una luz en la noche cerrada que nos guíe y nos ayude a encontrar nuestra estrella del norte, lo hallamos.

La música es vital en mi vida y en la de mucha gente, la música consuela, acompaña, emociona. Y, por supuesto, es una experiencia totalmente personal. La misma canción nos dice cosas diferentes a cada uno de nosotros. Las asociamos con momentos vitales y ocurre que piezas aparentemente tristes pueden tener un significado alegre por el impacto que tuvieron en nosotros y en nuestra vida, y viceversa. A mí me ocurre que las canciones y películas refugio son, en general, las de mi adolescencia, ese tiempo en el que todo era posible y no había compromisos ni preocupaciones. Da igual el contenido, si la letra cuenta una historia gris o no, lo importante es saber que están ahí desde siempre, acompañándote: Gun, U2, Pretenders, Texas, Fleetwood Mac, Neil Diamond, Ennio Morricone, John Williams... Cada cierto tiempo vuelvo a muchas de sus melodías, seguramente por el efecto nostalgia, y siento que me llevan a un lugar seguro. Por eso, he decidido revisar mis *playlists* de Spotify, eliminar algunas de las canciones que formaron parte de la banda sonora de los días de pérdida y añadir temas refugio.

Things could be heaven but this feels like hell.
So hold your head high cause you know I'd die.
For better days.

Gun, *Better Days*, 1989

Es una obviedad. Leer es bueno. Es un placer que se pierden un 32,8% de los españoles que han decidido no leer nunca. Igual que la música o el cine, el acto de leer, tan íntimo, está muy estrechamente vinculado a tu momento vital. No lees lo mismo cuando tienes dieciocho años que cuando acabas de casarte o cuando has sufrido una pérdida.

Paloma Pastor era incapaz de leer mientras su hijo estaba ingresado en el hospital, no se concentraba. Mi madre, en el duelo por la muerte de mi padre, dejó de leer el periódico, algo que hacía cada día; simplemente no quería. Yo sí leí tras la separación, pero elegí muy bien porque, básicamente, me escuché, escuché cómo me sentía y qué necesitaba y, además, tuve muy buenos consejeros.

Me olvidé de prejuicios, de estereotipos e indagué entre libros de autoayuda, de reinvención personal y profesional, de psicología, de superación personal, me asomé a Bucay, a Frankl, a Mario Alonso Puig. Empecé a leer sobre meditación y *mindfulness*, descubrí a Pablo d'Ors y a Thich Nhat Hanh. Mi editora me pasó ejemplares muy interesantes: *El amor te hará inmortal*, de Ramón Gener, sobre el duelo por la muerte del padre del autor; o *Viaje al país de los blancos*, acerca de la emocionante y dramática odisea de un joven ghanés, Ousman Umar, en su viaje de supervivencia hasta Barcelona.

También pasé por un poco de poesía y de historias relacionadas con el duelo, como *La ridícula idea de no volver a verte*, de Rosa Montero, o *El año del pensamiento mágico*, de Joan Didion. Este último es el relato de la escritora y periodista norteamericana sobre el duelo que vivió desde que falleciera repentinamente, tras un infarto, su pareja de toda la vida, el también escritor John Gregory Dunne. El libro es tan fascinante como su autora y en él comparte no solo su propia vivencia, sino también numerosa bibliografía sobre el duelo y el afrontamiento. «Desde niña me habían enseñado que, cada vez que surgían problemas, había que leer, aprender, resolver los interrogantes y acudir a la literatura especializada. La información era control», apunta Didion, una afirmación escrita en 2005 que hoy adquiere si cabe más relevancia: cuando buscamos respuestas o literatura sobre cualquier asunto científico, médico o incluso psiquiátrico, debemos acudir a fuentes contrastadas y especializadas.

Extrañamente no me sentí muy atraído por la ficción, abandoné varios libros alabados por la crítica nada más empezarlos, no era el momento para ellos. Buscaba respuestas, ideas, inspiraciones, me interesaban los relatos de otras personas que ya habían pasado por experiencias y situaciones con las que podía identificarme, quería aprender. Aun así, también busqué cierto equilibrio, algo de evasión, y me entusiasmaron dos títulos que devoré en viajes de avión: *Agua salada*, de Charles Simmons, y *Solar*, de Ian McEwan.

Las dos lecturas más importantes, las dos que me han influido más en todo este proceso han sido *I Am Not Your Negro*, de James Baldwin-Raoul Peck y *El hombre en busca de sentido*, de Viktor Frankl. El primero, como ya comenté, se editó a raíz del documental y lo adquirí nada más terminar el visionado en Filmin. Coincidió con los días posteriores a mi separación y fue de alguna forma el germen de este libro que estás leyendo. El segundo, el de Viktor Frankl, me impactó de forma radical. Nunca he subrayado tanto un libro, nunca lo he recomendado tanto, nunca una lectura me ha ayudado tanto.

«La experiencia de la vida en el campo de concentración demuestra que el hombre mantiene su capacidad de elección. Abundan los ejemplos, a menudo heroicos, que prueban que se pueden superar la apatía y la irritabilidad. El hombre puede conservar un reducto de libertad espiritual, de independencia mental, incluso en terribles estados de tensión psíquica y física. Los supervivientes de los campos aún recordamos a los hombres que iban a los barracones a consolar a los demás, ofreciéndoles su único mendrugo de pan». Me hubiera encantado haber podido entrevistar a Frankl y haberle preguntado más sobre esa experiencia, y saber si él mismo indagó en las razones que llevaban a esos hombres famélicos y destruidos física y mentalmente a regalar su ración de pan a otros hombres. ¿Por qué lo hacían? ¿Compasión?, ¿altruismo?

A veces intento ponerme en su lugar y descifrar ese pequeño misterio. Quizá simplemente estaban movidos por el afán de bondad, quizá ese gesto les ofrecía un breve momento de bienestar, de felicidad, de satisfacción. ¿Sobrevivieron algunos de esos hombres que renunciaban a su pan en favor de sus compañeros? Es interesante comprobar que el propio Frankl tuvo muchos de esos gestos de altruismo: como médico ayudó y consoló a decenas de prisioneros. Por supuesto, también utilizó todo su talento para sobrevivir. Cuenta, por ejemplo, que se convirtió en el médico privado del *kapo* que dirigía los campos de trabajo gracias a que era el confesor de sus problemas amorosos y matrimoniales. Frankl le ofrecía sus consejos de experimentado psicólogo.

No creo que haya un libro mejor para comprender los abismos del ser humano y los mecanismos y resortes de los que disponemos para enfrentarnos al dolor y al sufrimiento. El relato de sus años en los campos de concentración es abrumador, así como la gran cantidad de aprendizajes que nos regala sobre el ser humano, la resiliencia, la espiritualidad, el amor, el humor o la libertad.

«Tenemos que dejar de preguntar sobre el sentido de la vida

y en su lugar percatarnos de que es la vida la que nos plantea preguntas, cada día y a cada hora. En última instancia, vivir significa asumir la responsabilidad de encontrar la respuesta correcta a las cuestiones que la vida plantea», afirma contundente Frankl.

LAS PELÍCULAS QUE ME AYUDARON A LLORAR Y A EMOCIONARME

«El cine puede llenar los espacios vacíos de tu vida y tu soledad», dice Pedro Almodóvar.

El cine entró en mi vida por mi padre. A él le encantaban las películas de aventuras y del Oeste, *Robin Hood*, *La diligencia*, *Centauros del desierto*, *Lo que el viento se llevó*... Aunque no íbamos mucho a las salas, sí tuvimos una gran videoteca. Recuerdo el día que trajo a casa el primer aparato de vídeo doméstico, el C7 de Betamax, que visto hoy parece una nave espacial, puro anacronismo en tiempos de diseño minimalista. Con el paso del tiempo fuimos aglutinando una buena colección de películas, muchas de ellas grabadas por mí mismo en noches de fin de semana. En la adolescencia, junto con mi amigo Juan Manuel pasé muchas tardes en los cines Renoir de Madrid, fascinado por las historias de Gus Van Sant, Tarantino o Kieślowski.

El cine ha cumplido un papel curativo en mi vida, como en la de mucha gente. Y en estos años de duelo se ha convertido en un catalizador de emociones, ha contribuido a mi desbloqueo y a que, por lo tanto, viva las historias con más plenitud. Pura liberación. Nunca he llorado tanto como en los últimos tiempos. «La cura para todo siempre es el agua salada: el sudor, las lágrimas o el mar», dijo Karen Blixen, la escritora de *Memorias de África*.

Recuerdo especialmente las lágrimas derramadas en cascada al ver *El silencio de otros*, de Almudena Carracedo y Robert Bahar, un documental de 2018 sobre la lucha de las víctimas del franquismo para conseguir justicia, una película en la que las historias de «Chato» Galante o de Ascensión Mendieta me conmovieron y me indignaron. Por casualidades de la vida tuve la suerte de ayudar en una campaña a través de Change.org a los directores y protagonistas de la cinta, querían que se modificara la Ley de Amnistía de 1977 para que se pudieran juzgar los crímenes de esa etapa negra de nuestra historia. Seguro que te suena el nombre de Billy el Niño, un policía torturador que hizo lo que quiso con total impunidad y provocó un sufrimiento inhumano sin que nunca se le pudiera juzgar. Esa es solo una de las múltiples historias que recuerda la película.

Conseguir aquella modificación legislativa era una misión utópica porque entre los partidos políticos hay un «pacto del olvido» alrededor de este tema, pero los artífices de la cinta dedicaron tiempo y energía y la campaña tuvo bastante apoyo ciudadano. Lo que ocurrió es que conforme el documental desapareció de la cartelera y las televisiones, perdió fuerza y la campaña se desinfló. Lo sentí especialmente por «Chato» Galante, víctima de las torturas de Billy el Niño, que murió en pleno confinamiento. Todas las iniciativas que aspiran a cambiar leyes y, en especial, una de tanta envergadura como esta, requieren años, mucho trabajo de presión pública y privada y el consenso de medios de comunicación y líderes políticos.

Sí que me alegré profundamente cuando, gracias a otra petición en Change.org, se consiguió que el Ayuntamiento de Madrid dedicara una placa en la plaza de Olavide a Carlos Slepoy, el abogado que durante numerosos años acompañó a las víctimas en su cruzada judicial.

Con el cine pasa igual que con la música: cuando uno está

débil anímicamente recurre a películas refugio, *El tercer hombre*, *Smoke*, *Blade Runner*... Con la pandemia tuve la oportunidad de recuperar muchas sensaciones al sentarme cada noche junto con mis hijos a ver clásicos y clásicos modernos. He disfrutado y reído como un niño viendo *Con faldas y a lo loco*, *Un cadáver a los postres* o *Atrapado en el tiempo*; me he divertido con las aventuras ochenteras de *Tras el corazón verde* o *Willow*, me he dejado sorprender por el suspense maestro de *Testigo de cargo* o *La ventana indiscreta* y he vuelto a pasar miedo con *Stranger Things*, la serie bandera de Netflix.

Todas esas emociones me han acompañado en los últimos años y yo me he abierto para sentirlas con más fuerza que nunca, porque, como dice Almodóvar, el cine puede ayudarte a llenar los espacios vacíos de tu vida.

La cura para todo siempre
es el agua salada: el sudor,
las lágrimas o el mar.

KAREN BLIXEN

La meditación y David Lynch

El creador de *Twin Peaks* nunca ha sido de mis artistas preferidos, ni siquiera me enganché a esa serie, aunque sí me pareció una obra maestra *Una historia verdadera* (1999), la menos reconocible de las películas del universo Lynch. Sin embargo, sí he conectado con la otra gran pasión de su vida, la meditación.

La primera vez que me hablaron de meditación no presté mucha atención, de hecho me pareció algo un tanto exótico, poco serio. Yo tenía treinta y cinco años y muchas cosas que aprender. Después empecé a escuchar la palabra *mindfulness* y el escepticismo creció todavía más. Ahora, tras haber leído más y, sobre todo, haberlo probado, me parecen herramientas muy útiles para conseguir cierta pausa y paz mental.

A David Lynch le pasó lo mismo, la primera vez que oyó hablar sobre meditación no le interesó nada, le pareció una pérdida de tiempo; luego se informó, leyó y su hermana le contó que llevaba seis meses practicándola y estaba feliz. Se decidió a probarla en el año 1973 y esto es lo que sintió: «Me senté, cerré los ojos, empecé a entonar el mantra y fue como si estuviera en un ascensor y cortaran el cable. ¡Bum! Caí en la dicha, pura dicha. Y ahí me quedé». Desde entonces medita veinte minutos por la mañana y otros tantos por la tarde. Su pasión es tal que abrió una fundación para llevar la meditación trascendental a todos los rincones del planeta.

Un poco antes del confinamiento, aprovechando que dispuse de unas semanas sabáticas, me apunté a un curso de *mindfulness* de ocho semanas. Cada martes nos reuníamos un grupo de doce personas en sesiones de dos horas. Después, a lo largo de la semana, teníamos una serie de prácticas para realizar en casa. El primer día respiramos, simplemente. Aprendimos a tomar conciencia de nuestra respiración, de cómo el aire entra por nuestra nariz y lo exhalamos por la boca. Comprendimos que la mayoría del tiempo respiramos mal. Me sorprendió no haberme dado cuenta de algo tan básico. ¿Te has parado alguna vez a observar cómo respiras? Lo que también recuerdo con claridad de la primera sesión de meditación fue la sensación de alivio absoluto que sentí en el ceño, era como si hasta ese momento una taladradora invisible me hubiera estado presionando de forma sostenida y, de pronto, me liberaba de ella.

Durante el confinamiento medité todos los días unos diez minutos. Lo hacía temprano, por la mañana, antes de que se despertaran mis hijos, y me funcionó, me equilibró, me dio cierta paz para encarar la jornada. Desde entonces lo hago de forma más intermitente, pero sigue resultándome muy útil cuando quiero vaciar la mente, hacer una pausa y rebajar la ansiedad. Precisamente los cursos de meditación y *mindfulness* están destinados, sobre todo, a aprender a gestionar el estrés. Al menos esa es la principal causa que argumentamos los asistentes. En paralelo al curso, leí al filósofo español Pablo d'Ors, al best seller Eckhart Tolle, autor de *El poder del ahora*, y al maestro budista Thich Nhat Hanh. De este último hay un librito de apenas cien páginas, *How to Sit*, con el que comprendes que no solo no tenemos conciencia de nuestra respiración, sino tampoco de cómo nos sentamos. «Muchos de nosotros pasamos mucho tiempo sentados. Nos sentamos en nuestros trabajos, delante de nuestros ordenadores, en el coche. Sentarse, en este libro, significa sentarse de tal forma que disfrutes del hecho de estar sentado de una forma relajada, con tu mente despierta, en calma y clara», afirma Thich en la primera página.

Antes de empezar yo mismo a meditar había leído a David Lynch, cuyo libro *Atrapa el pez dorado* es un interesante repaso a su carrera y a sus creencias sobre la meditación trascendental y sobre su capacidad para mejorar y aumentar nuestro nivel de consciencia. Recuerdo que uno de los pasajes que me animó a probar fue este: «Si tienes la conciencia del tamaño de una pelota de golf, cuando leas un libro, lo que entiendas de él tendrá el tamaño de una pelota de golf; cuando mires por la ventana, lo que captes será como una pelota de golf... Pero si logras expandir la conciencia, hacerla crecer, al leer el libro, lo entenderás más, al mirar por la ventana, verás más... Podrás pescar ideas a un nivel más profundo. Y la creatividad fluirá. Y la vida se parecerá más a un juego fantástico».

La meditación no te hará feliz, ni el *mindfulness*. Rotundamente no. A los millones de españoles en paro, a los miles de mujeres maltratadas o a los niños que viven en la más absoluta pobreza, el *mindfulness* no va a cambiarles la vida. Conseguir un trabajo digno, sí; recibir amparo y protección social por parte del Estado, sí; disponer de becas escolares y de comedor para poder alimentarse y estudiar, eso sí cambia vidas.

Cuando en tu vida no se dan las mínimas condiciones para desarrollarte personal y profesionalmente, cualquier herramienta o técnica de carácter psicológico, terapéutico o espiritual puede darte algo de consuelo, de paz, pero, desde luego, no te arreglará la vida.

Dejemos claras las expectativas antes de que nos sintamos defraudados y desconcertados. Recuerdo que en el curso de *mindfulness*, al vernos cada semana, compartíamos en grupo cómo nos habíamos sentido, qué nos había funcionado y qué no en nuestras prácticas semanales, y siempre había una mujer, controladora aérea, que manifestaba su descontento: aquello no estaba ayudándola, de hecho hacía que se sintiera peor. Ella necesitaba con total seguridad otro tipo de terapias o cambios en su vida con más urgencia que un curso de esas características.

En el libro *Happycracia* se afirma que el *mindfulness* se ha consolidado como una disciplina central en hospitales, escuelas, centros penitenciarios e incluso el ejército, y que forma parte de tratamientos que se aplican para tratar la depresión entre los sectores más desfavorecidos de la sociedad. Los autores de dicho libro sostienen que «el éxito del *mindfulness* bebe de su promesa de aportar soluciones fáciles y eficaces a problemas sociales complejos: no es la sociedad la que necesita un cambio, sino que son las personas quienes tienen que aprender a adaptarse, sobrevivir, mejorar». Finalmente el libro alerta de que puede producir efectos contrarios a los que busca; incremento de la ansiedad y la depresión o sensación de distanciamiento social.

Tras el acercamiento que yo he tenido a este fenómeno, después de probarlo y leer abundante literatura al respecto, no es esa la conclusión que he sacado. Es cierto que como periodista, y por mi carácter y trayectoria profesional, siempre intento mantener cierta prevención y distancia con respecto a los temas sobre los que me intereso o trabajo, pero, al mismo tiempo, me parece importante alertar a otras personas si descubro que algo no es lo que promete.

Es importante tener claro que el *mindfulness* o la meditación no cambiarán tu vida ni te harán más feliz al momento. A mí me ayuda a tomar conciencia de aspectos tan cotidianos como la respiración, me resulta útil para calmar la mente cuando la tengo muy agitada y me sirve para parar y relajarme. Para Anna o Paloma ha cumplido la misma función en estos años en los que su vida se ha visto sacudida por dramas personales y luchas activistas.

«Yo no me lo creía del todo —me confesaba Paloma—, pero es una herramienta que si aprendes, funciona. Fui a un curso de ocho semanas que me recomendó mi cuñado, que es médico. Te enseñaban a meditar. Fundamentalmente es concentración, aprender a concentrarte. Yo sigo haciéndolo y lo hago con audios, porque no soy capaz de hacerlo sin audios, se me va la cabeza mucho. Pero funciona. Es una técnica que a mí me sigue funcionando antes de tener que ir a alguna reunión importante. Hago una meditación cortita y me quedo tranquila. Y para apartar pensamientos. Para dormir hacía una meditación guiada de relajación. Hay una que se llama escaneo corporal, que vas relajando todo el cuerpo y al final te quedas frita. Primero vas relajando los dedos de los pies, la pierna, vas subiendo... Es una herramienta que está bien».

¿Te has parado alguna vez
a observar cómo respiras?

¿Qué nos hace felices? No es el dinero

Esta es la receta para una vida feliz: tener una red social fuerte, desarrollar relaciones duraderas y sólidas con la familia, los amigos y la comunidad. Es la principal conclusión del estudio más largo sobre la felicidad realizado jamás, una investigación que abarca ochenta años y que ha llevado a cabo un equipo de la Universidad de Harvard.

El trabajo comenzó en 1938 cuando los científicos empezaron a monitorizar la salud de 238 estudiantes de segundo año de la prestigiosa universidad estadounidense. El campo de estudio fue ampliándose en los siguientes años. Primero se añadió la descendencia de esos 238 hombres iniciales (en Harvard en aquella época no había mujeres) y luego se incorporó a 456 personas de los barrios más pobres de la ciudad de Boston, jóvenes que provenían de familias desfavorecidas. El objetivo era buscar una base social más representativa de la realidad, no solo la élite de Harvard. Cada dos años se les pregunta sobre su salud, su trabajo, su vida familiar, se les entrevista y se les hacen diferentes pruebas médicas para conformar un análisis en tiempo real, un mosaico apasionante sobre la trayectoria vital de decenas de personas.

El estudio ha tenido hasta cuatro directores diferentes en sus ochenta años. El último de ellos, Robert Waldinger, un psiquiatra del Hospital de Massachusetts, explica los detalles de la investigación en uno de los vídeos de divulgación más vistos de la historia de internet. Y el hallazgo más relevante es definitivo: las buenas relaciones nos hacen más felices y saludables, mientras que la soledad mata. Sí, las personas con más vínculos sociales fuertes están más sanos física y mentalmente y viven más años. Y aquellas personas que se sienten más aisladas, más solas, viven menos. Relacionado con todo lo anterior, ofrece otra conclusión fundamental: no se trata de la cantidad de amigos o de tener una longeva vida en pareja, se trata de la calidad de nuestras relaciones más cercanas. Y, así, el estudio revela cosas como que los matrimonios conflictivos son muy malos para la salud y que las personas más satisfechas en sus relaciones sociales a los cincuenta años resultaron ser las más saludables a los ochenta años.

Ahora piensa por un momento en las redes sociales digitales, en Facebook, Instagram, Twitter, TikTok, incluso en WhatsApp... ¿Qué es lo primero que te sugieren las conclusiones del estudio cuando lo relacionas con estas nuevas herramientas de comunicación? Waldinger, el director de la investigación de Harvard, propone pasar más tiempo con personas que con pantallas.

Cuando me di de alta en Facebook lo hice por conocer qué estaban haciendo antiguos amigos y compañeros del colegio. Inicialmente eran la curiosidad y el interés por mantener ciertos vínculos sociales lo que movía a muchas personas a utilizarla. Y fue bonito saber de personas que habían desaparecido de mi vida por diferentes motivos. Pero la red social creció y creció, los algoritmos y la rentabilidad se apoderaron de ella y su funcionamiento presente, como el de prácticamente el resto de las aplicaciones, está basado en desarrollar técnicas para mantener al usuario más tiempo conectado.

La cuestión actual es que el grado de sofisticación de la inteligencia artificial es tan alto que estas nuevas herramientas pueden generar adicción y provocar problemas de salud en determinadas personas, por ejemplo, en los adolescentes. Aunque todavía no hay mucha literatura científica sobre la relación entre redes sociales y trastornos de ansiedad o depresión, ya hay algún estudio significativo, como el desarrollado por la Universidad Johns Hopkins entre casi siete mil adolescentes norteamericanos que concluye que aquellos que pasan más de tres horas conectados tienen mayor riesgo de sufrir problemas de salud mental.

La mayoría de las redes han sido diseñadas siguiendo patrones de psicología persuasiva, están pensadas para generar en el usuario cantidades ingentes de dopamina, un neurotransmisor que es considerado algo así como la molécula de la recompensa o del placer. «Los bucles alimentados por dopamina que hemos creado están destruyendo la forma en que la sociedad funciona», afirma Chamath Palihapitiya, vicepresidente de Facebook entre 2007 y 2011. Cada vez son más los altos ejecutivos de compañías como Google, Facebook o Twitter que las abandonan por cuestiones éticas y que, atacados por la culpabilidad de haber alimentado al monstruo, se lanzan a evangelizar sobre los efectos perniciosos de sus creaciones.

La facilidad de uso, la lógica de recompensa inmediata, la permanente oferta de nuevos contenidos y la tendencia actual al individualismo son riesgos que debemos considerar cuando nosotros, o nuestros padres o hijos, nos relacionamos con Facebook, Twitter o YouTube. La clave es entender por qué y para qué usamos cada red social, cuál es el objetivo que tenemos y qué nos aporta.

No es lo mismo dedicar treinta minutos al día a Facebook o Instagram para tratar de movilizar una acción solidaria, para dar a conocer, por ejemplo, una campaña de firmas o una solicitud de ayuda para una emergencia, que ver vídeos sobre gatitos. Las redes, igual que las plataformas como Change.org o Kickstarter, son herramientas que nos dan la posibilidad de alcanzar audiencias de forma rápida y eficaz. Lo que hace cincuenta años implicaba un esfuerzo colosal, casi imposible para un ciudadano, ahora es más accesible.

Las buenas relaciones nos hacen
más felices y saludables,
mientras que la soledad mata.

EL CAMINO HACIA
LA VICTORIA SOCIAL

Más te vale hacer ruido.

MALCOLM X

El poder de un gesto que Kennedy
no quiso hacer

Al principio del libro compartía la historia de Dorothy Counts, ocurrida el 4 de septiembre de 1957. Aquel primer día de instituto en el que cambió su vida. Aquel paseo de la vergüenza hacia la puerta del centro escolar, lleno de insultos, acoso y escupitajos, fue capturado en una foto que se hizo universalmente famosa y que convirtió a la joven de quince años en un símbolo de la lucha contra el racismo. Gracias a aquella imagen publicada en todos los periódicos del mundo, el más brillante escritor negro de su generación, James Baldwin, decidió abandonar su exilio en París y regresar a su país.

Desde que volvió a su casa, Baldwin se esforzó por llevar la voz de la lucha racial a todos los rincones de la nación, ofreciendo entrevistas en medios de comunicación, conferencias y participando en todo tipo de acciones y manifestaciones pacíficas. En 1963 se presentó una oportunidad muy importante de conseguir una gran victoria. El 12 de mayo, Baldwin envió un telegrama a Robert Kennedy, fiscal general del Estado y hermano del presidente, acusándolo de inacción ante la violenta respuesta de la policía, y en especial la del sheriff de Birmingham, en los graves disturbios que acababan de producirse en las calles de esa ciudad sureña. Kennedy escuchó y le ofreció una reunión.

Baldwin acudió tarde a la cita porque su avión se retrasó, pero en los apenas treinta minutos que compartieron, llegaron a conectar tanto que el fiscal le ofreció una nueva reunión para el día siguiente, a la cual le pidió que invitara a otros destacados representantes de la cultura y el activismo afroamericano. El 24 de mayo de 1963, en un ático de Manhattan, Kennedy se vio con Baldwin y con un nutrido grupo que iba desde el activista Jerome Smith hasta el actor Harry Belafonte o la escritora Lorraine Hansberry. El resultado de este encuentro fue un fracaso total.

Kennedy tenía un objetivo y no era el mismo que el de Baldwin y el resto de los activistas. El hermano de JFK quería que estas figuras públicas ayudaran a contener las protestas, que pidieran públicamente moderación. Para ello les explicó todas las acciones que se estaban adoptando en materia de políticas públicas y legislativas. Insistió en que la política tiene sus tiempos y que los cambios no ocurren de la noche a la mañana. Todo eso parece razonable, pero el problema es que el fiscal no quiso entender lo que aquellas mujeres y hombres le querían transmitir: no se trataba de un tema de leyes, se trataba de una cuestión moral, de una cuestión de ejemplaridad y de dignidad. Ya existían muchas normas que velaban por los ciudadanos, pero la policía seguía cometiendo todo tipo de abusos contra la población negra. Como vemos, muchos de los problemas de 1963 siguen vigentes hoy en día y una de las razones es que ni JFK ni otros tantos presidentes han hecho el tipo de gesto moral que solicitaba Baldwin.

Aquellos intelectuales, actores y activistas le pidieron a Robert Kennedy que el presidente de Estados Unidos realizara un gesto simbólico, que acompañara personalmente a una joven estudiante afroamericana una mañana en su camino a la universidad. «Así quedará claro que todo aquel que escupa a esa niña, estará escupiendo a la nación», le dijeron. Pero la respuesta fue que aquello era un gesto moral sin importancia y que, por tanto, no lo haría. Y así es la situación actual, con políticos incapaces de hacer lo que la historia demanda de ellos. La escritora Lorraine Hansberry puso el punto final a aquella reunión: «Me preocupa mucho el estado de una civilización que produce la fotografía de un policía blanco sometiendo con la rodilla en el cuello a una mujer negra». Los gestos importan, pueden cambiar vidas o, incluso, países.

Los gestos importan, pueden cambiar
vidas o, incluso, países.

Y la vida te da un golpe, otra vez

Unos meses después de esa reunión con Robert Kennedy, Baldwin empezó a perder a muchos de sus amigos y aliados, la mayoría asesinados: Medgar Evers (1963), Malcolm X (1965) y Martin Luther King (1968). En 1965 la escritora y activista Lorraine Hansberry fue víctima de un cáncer de páncreas con apenas treinta y cuatro años, y Baldwin dijo que, con toda probabilidad, la tensión que había sufrido en su vida contribuyó a debilitarla. Además, el director del FBI, J. Edgar Hoover, etiquetó al escritor como peligroso porque «se creía que era homosexual». Evidentemente lo era y esa fue otra de las razones por las que con apenas veinte años abandonó Estados Unidos. Baldwin recibió un golpe tras otro, pero siguió comprometido con la causa, reflexionando, escribiendo, haciendo de altavoz de una opresión que estaba tan arraigada en la cultura norteamericana que era y es extremadamente difícil de extirpar.

El sufrimiento es parte de la vida y la única forma de minimizarlo es aceptar que ocurrirá. Nuestros proyectos vitales, nuestros sueños personales o profesionales, nuestras campañas sociales sufrirán golpes, seguramente muchos, que pondrán a prueba nuestra resistencia o, mejor dicho, nuestra resiliencia.

Paloma Pastor sufrió un tremendo shock cuando su hijo casi

muere. Luego lidió con una recuperación agónica durante meses y, sin embargo, a pesar del cansancio, de las noches velando a Mahesh, con la incertidumbre de los efectos del daño cerebral, decidió enfrentarse a la injusticia de un sistema sanitario que no cubría la rehabilitación de los niños de seis a dieciséis años. Y cuando parecía que todo se encarrilaba, que Mahesh mejoraba, que la Comunidad de Madrid escuchaba su petición, su reivindicación, llegó su cáncer de mamá, que ella atribuye en buena medida al tremendo estrés que sufrió. Y después del suyo, el de su hija Surya, una niña de quince años con cáncer de colon. ¡Cómo es posible! Se me caen las lágrimas cuando pienso en esa familia y, sin embargo, ¿sabes qué? Aquí están, todos, vivos, tratando de saborear el presente, cada instante. Paloma es como una diosa de la paciencia que, además, nos regala aprendizajes para nuestras vidas.

«Cuando ocurrió lo de Surya yo estaba a punto de decir: me muero. No puedo ver morir a mi hija. Sobre todo no puedo verla sufrir como sufren las personas que mueren de cáncer, que mueren fatal. Esto no puede ser, me dije. En aquel momento me agarraba a no pensar. No pensar. Me agarraba al hoy, hoy está bien. Hoy hay que tomar esta decisión, hoy nos toca quimio, hoy es importante que duerma. Vivía el presente, totalmente. Cuando proyectas, sufres por adelantado». Pensar demasiado envenena nuestro presente, sobre todo cuando debemos estar centrados en cada instante, en cada minuto, como le ocurrió a Paloma.

Surya superó su cáncer y Paloma y su familia respiraron. De hecho, el impacto de la enfermedad de su hija fue mucho menor que el de su hijo. La verdadera pérdida se produjo con Mahesh, que pasó a convertirse en un niño totalmente diferente. «Con Mahesh ha sido un duelo tremendo y hasta hace muy poco creo que no me he reconciliado con el Mahesh de ahora, y creo que le quiero más que antes, pero me ha costado. La angustia de los padres es qué será de él cuando tú no estés. Y esa angustia no la pierdes». Además, Paloma tuvo que convertirse en una cuidadora, desmantelar su empresa y organizar por completo una nueva vida. Tantas pérdidas continuadas y tanta capacidad de sufrimiento y valentía para sobreponerse.

El golpe más duro para Anna en su campaña para modificar el código penal fue la moción de censura de junio de 2018. De pronto, cambiaban la mayoría de los interlocutores y una gran parte del trabajo que había hecho durante dos largos años se esfumaba. Además, la tramitación parlamentaria sufrió varios bloqueos en la Mesa del Congreso y ella llegó a perder la esperanza en la clase política. Sobre todo, consideraba que no estaban haciendo bien su trabajo y una de las frases que habitualmente les decía a los diputados era: «Una víctima no debería tener que luchar tanto». Sin embargo, ella asumió su responsabilidad, abrazó con más fuerza que nunca la promesa que le había hecho a su marido y continuó la presión.

El día que el juez decidió archivar la causa de la desaparición de Diana Quer fue uno de los momentos más duros que vivió la familia. Ocurrió en marzo de 2017, siete meses después de que se perdiera su rastro. Los investigadores tenían pistas, indicios, pero no eran suficientes para el magistrado, que decidió archivar el caso. Eso, en una investigación, no significa que la Guardia Civil o la policía dejen de buscar, pero dificulta mucho todo, ya que tienen que sortear más trabas administrativas. Juan Carlos y su exmujer acudieron al juzgado y él, mirando a los ojos del magistrado, le preguntó si estaba dispuesto a meter la vida de su hija en un cajón, en un archivador. Desde la desaparición de Diana hasta la condena de su asesino, Enrique Abuín «el Chicle», pasando por su intensa campaña de activismo, Juan Carlos ha tenido que mirar a los ojos de muchas personas y hacer cosas que nunca podrá contar. Todo eso le ha ocasionado un desgaste y un sufrimiento terrible, pero el recuerdo de su hija y la promesa de justicia y de protección han marcado su camino.

El sufrimiento es parte de la vida
y la única forma de minimizarlo
es aceptar que ocurrirá.

La resiliencia. Del campo de concentración al Congreso de los Diputados

La resiliencia es un concepto que viene de la física. Según la definición de la RAE, es la «Capacidad de un material, mecanismo o sistema para recuperar su estado inicial cuando ha cesado la perturbación a la que había estado sometido». Actualmente se dice que una persona es resiliente cuando es capaz de superar eventos adversos o traumáticos. En el ámbito de la psicología empezó a desarrollarse en los años setenta, cuando un psicólogo norteamericano, Norman Garmezy, descubrió el concepto estudiando a los hijos de personas con enfermedad mental. Observó que ciertos niños, expuestos al estrés o a la pobreza, presentaban cierta facilidad de adaptación social, así que empezó a denominarlos como niños invulnerables o resilientes. Garmezy llegó a desarrollar su propia definición de resiliencia: «La capacidad para recuperarse y mantener una conducta adaptativa después del abandono o la incapacidad inicial al desatarse un evento estresante».

Las experiencias extremas de muchos presos judíos en los campos de concentración nazis fueron también determinantes en el análisis y estudio de la resiliencia. La historia de Viktor Frankl y sus aprendizajes han iluminado de forma decisiva el estudio de este fenómeno. Por ejemplo, descubrió que los más fuertes físicamente no eran necesariamente los que mejor aguantaban el sufrimiento del campo. «Las personas de mayor sensibilidad, acostumbradas a una vida intelectual, posiblemente sufrieran muchísimo (a menudo su constitución era frágil); sin embargo, el daño infligido a su ser íntimo fue menor, pues eran capaces de abstraerse del terrible entorno y adentrarse, a través de su espíritu, en un mundo interior más rico y dotado de paz espiritual. Solo así se explica la aparente paradoja de que los menos fornidos soportaran mejor la vida del campo que los de constitución más robusta».

Boris Cyrulnik es un neurólogo y psiquiatra francés. Nacido en el seno de una familia judía emigrada de Ucrania a Burdeos, tuvo que contemplar cómo sus padres eran detenidos y deportados por los nazis. Boris tenía apenas cinco años y consiguió escapar y evitar la suerte de sus padres, que finalmente fueron asesinados. Sobrevivió entre albergues y orfanatos hasta que una familia de acogida le dio un hogar y la confianza que necesitaba para desarrollarse. Estudió medicina y ha centrado toda su carrera profesional en el estudio de la resiliencia, especialmente en la infancia. Es una de las mayores autoridades mundiales sobre la materia y sus reflexiones durante la pandemia del covid-19 nos remitieron, de nuevo, a la importancia del mundo interior y de las redes y conexiones familiares: «Resisten mejor los que ya tenían una buena disposición. Su fortaleza se basa en tres factores: confianza en sí mismos, un dominio del lenguaje que les permite contar lo que les pasa. Y tener a alguien a quien contárselo; es decir, una red afectiva de familiares y amigos», explicaba en una entrevista.

En las historias de activismo el apoyo de la familia y amigos es fundamental, como también lo es el de los miles o millones de personas que han firmado tu petición o han compartido tu causa en sus redes sociales. En el caso de Change, la mayoría de los creadores de alguna petición lee los comentarios de apoyo y se emociona con la cantidad de energía que les vuelcan personas absolutamente desconocidas. Esa cercanía es fundamental en los primeros pasos de una campaña y, en innumerables ocasiones, me han contado el impacto tan decisivo que supuso para ellos el aliento que recibían de los primeros firmantes de sus iniciativas.

Los activistas logran perder el miedo porque sienten que tienen el respaldo y la legitimidad de miles de personas detrás suyo. Susan Sontag decía que solo hay algo tan contagioso como el miedo, y es el coraje. Con ese coraje, Juan Carlos, Anna, Paloma o Carlos San Juan han desfilado por los pasillos y las salas de organismos públicos, enfrentándose a reuniones en las que cualquiera diría que, *a priori*, estaban en inferioridad de condiciones. Ninguno era especialista en comunicación o política; pero siempre han tenido un propósito claro y la fuerza de la ciudadanía con ellos. Los cuatro han demostrado una gran resiliencia para sobreponerse a sus pérdidas personales, a sus tragedias íntimas y, además, al lanzarse a reivindicar aquello que creían que era justo, aguantar puertas cerradas, contestaciones negativas e incluso faltas de respeto y humillaciones públicas y privadas.

Solo hay algo tan contagioso
como el miedo, y es el coraje.

SUSAN SONTAG

Qué hacer para no dejarlo
todo cuando quieres dejarlo todo

Valentía, resiliencia, pasión, determinación, perseverancia; y aun así, también puedes caer. Incluso los más grandes y reconocidos líderes y pensadores tienen momentos de oscuridad. James Baldwin, tras el asesinato de Martin Luther King, entró en depresión, enfermó y en 1968 regresó a Francia, a Saint-Paul-de-Vence, cerca de Niza, para poner distancia con todo aquello que le había causado semejante dolor.

En una entrevista tras regresar a Francia, *Esquire* le preguntaba si tenía esperanza en el futuro de su país y él contestaba lo siguiente: «Tengo una gran determinación. Tengo mucha esperanza. Creo que lo más esperanzador que podemos hacer es analizar la situación. La gente me acusa de ser un catastrofista. No soy un catastrofista. Si uno no analiza, no puede cambiar nada». En los años siguientes escribió el ensayo *No Name in the Street* (1972), en el que reflexiona sobre la muerte de Malcolm X y Luther King, entre otros temas, y en 1974 publicó *If Beale Street Could Talk*, una dolorosa historia de amor e injusticia racial que fue llevaba al cine en una maravillosa película de 2018, *El blues de Beale Street*. Baldwin necesitó tiempo y distancia para superar sus crisis y recuperar un aliento literario y activista que todavía hoy alumbra la causa del #BlackLivesMatter.

El tiempo todo lo cura es una frase que usamos con frecuencia, resultado de la sabiduría popular. Y qué acertado es. Les pregunté a Anna y a Paloma qué hicieron para no dejarlo todo cuando asomó la desolación y ambas coincidieron en la respuesta.

«El día en el que no puedes más llega (más de uno y de dos, por cierto). Y cuando lo hace, tocas fondo. Sientes que lo poco o mucho que has conseguido hasta entonces se desmorona. Es necesario distanciarse algo, darse tiempo y tomar perspectiva. Lo que hoy o ahora ves negro tizón puede ser gris marengo en unas horas o incluso blanco marfil en unos pocos días». Anna vivió varios episodios que la llevaron al límite. Con distancia, alguno puede parecer casi anecdótico, pero es muy difícil calibrar el impacto de determinadas circunstancias en una persona que se mueve en el alambre. Recuerdo que pasó días sin querer hablar con nadie, destruida y sin energía porque el equipo Movistar de ciclismo al completo se había comprometido a apoyar su causa, en una conexión en directo en La 1 de TVE durante una de las jornadas de la Vuelta a España, pero al final decidieron no hacerlo. Aquello fue demoledor en ese preciso momento, visto con perspectiva tampoco era algo decisivo y, de hecho, más tarde tanto el equipo como los corredores se sumaron; pero en aquel instante supuso una ruptura y una decepción mayúscula para Anna.

«Hay tantas cosas que te abruman en un momento dado y que con el tiempo te parecen nimiedades, pero el día a día no te permite discernir. Dejar pasar el tiempo arregla muchas cosas». Paloma experimentó esa sensación de derrota, de querer parar y abandonarse en varios pasajes tras el accidente y la hospitalización de Mahesh. Y el simple paso del tiempo y centrar su atención en el presente, en el día a día, en resolver los retos cotidianos la ayudaron a superarlo.

Juan Carlos Quer se levanta cada mañana con dos obsesiones: Diana y Valeria. Ahora sabe que es vital proteger y ayudar a su hija Valeria. Y su hija Diana sigue muy presente en su vida. Aunque no quiera ver fotos o vídeos suyos, su recuerdo está siempre con él, su fuerza, su sonrisa y su legado son los pilares en los que se sustenta su vida. Pero tiene claro que nunca volverá a ser feliz, que cuando ella murió, una parte de él se murió para siempre. Podrá tener cierta tranquilidad o bienestar, pero no ser feliz. Le atormentan los minutos finales de Diana: el maletero, la nave abandonada, el pozo. Está seguro de que en esos momentos su hija le estaba diciendo: «Papá, ayúdame»; pero él no estaba allí, no podía hacer nada.

Lo único que le reconforta es sentir el cariño de la gente por su hija, saber que su figura se ha hecho grande, que forma parte de los afectos de muchas familias en España, que su vida ha sido corta, muy corta, pero ha tenido sentido.

Es necesario distanciarse algo,
darse tiempo y tomar perspectiva.
Lo que hoy o ahora ves negro tizón
puede ser gris marengo en unas horas
o incluso blanco marfil en unos
pocos días.

ANNA GONZÁLEZ

Vamos a hacer ruido

Reconocemos al instante las grandes historias. Lo hemos hecho siempre. Toda la literatura épica está hecha de grandes mitos y epopeyas. La mayoría de los cuentos que se transmiten de generación en generación tienen héroes, villanos, princesas y objetos mágicos. Los activistas como Paloma, Juan Carlos, Anna o Carlos son esas heroínas, esos héroes modernos cuyas causas queremos que tengan un final feliz. Y para que eso ocurra, necesitan hacer ruido.

Hacer ruido es fácil, lo difícil es que se convierta en una melodía de cambio. Es fácil en la medida en que sabemos que la indignación es la emoción que provoca una mayor viralidad del mensaje. Cuando leemos o vemos una noticia en un medio de comunicación o en Facebook o en Twitter y nos conmueve la injusticia, tendemos a querer ayudar de alguna forma, nos identificamos y automáticamente compartimos esa historia en nuestros perfiles en redes. Las modernas plataformas de activismo o de donación, además, nos lo ponen muy fácil para actuar. Pero eso es solo el primer paso. Ese es el primer impulso para que nuestra causa empiece a generar atención. Si queremos lograr algún impacto, a esa primera noticia que hemos conseguido que nos publiquen en un periódico, a ese primer mensaje que hemos viralizado en una red social, le tienen que seguir decenas, cientos más de ellos.

Todo se ha dicho una y mil veces, pero como nadie escucha, hay que volver a repetirlo. Como en tantos aspectos de la vida, la insistencia, la perseverancia, es fundamental en la comunicación y en el activismo. Muchos emprendedores sociales, voluntarios y luchadores se sienten reforzados y legitimados cuando sus historias consiguen atraer la atención de los periodistas, pero el ecosistema mediático es perverso en la medida en que si no lo alimentas, deja de interesarse por ti. Y si no estás en los medios y en las redes sociales, tus reivindicaciones o peticiones no llegarán con suficiente fuerza a tu audiencia.

Por eso las campañas de activismo se deben diseñar buscando diferentes momentos calientes. Y para conseguir estos momentos hay dos opciones: crearlos desde cero o aprovechar la actualidad. Anna González utilizó su cuenta de Twitter durante toda su campaña como un canal para mantener activa su petición. Y cada vez que había muertes por atropellos en carretera era una oportunidad para relanzar su lucha y hacer crecer la presión sobre los políticos. Es paradójico recurrir al dolor para que algo nuevo florezca, pero la mayoría de las veces la tragedia es la única forma de llegar al corazón de los legisladores. No olvidemos que los diputados son personas, con familias, con sus propios traumas, con sus propias debilidades emocionales. Una de las personas que más ayudó a Anna en la tramitación de su ley en el Congreso fue Irene Rivera, que por aquel entonces era diputada por Ciudadanos. Irene conectó al instante con la causa porque ella era piloto de helicópteros de la DGT y su corazón se había roto en varias ocasiones al contemplar a ciclistas muertos, atropellados en las carreteras y estampados en las cunetas.

Si la actualidad no te ofrece oportunidades para activar tu

campaña, necesitarás crear algo nuevo capaz de captar la atención de los periodistas y de las redes sociales.

En Change.org éramos especialistas en crear esos momentos.

En 2016 produjimos un vídeo para la campaña de Eva Bailén, una madre madrileña que explotó contra la avalancha de deberes que sufría uno de sus hijos en el colegio. Eva pedía la racionalización de las tareas de los estudiantes y, para conseguir que se convirtiera en un tema que monopolizara la opinión pública, creamos una pieza audiovisual que jugaba con el asombro, con la sorpresa final, con el clásico efecto WOW. El vídeo que sacamos se hizo viral, abrió informativos y programas de debate en televisión y su impulsora introdujo el tema en la agenda mediática y política. Incluso una marca como Ikea quiso sumarse a la campaña y sacó un spot inspirado en el problema de los deberes.

Eva abandonó su trabajo en una empresa de telecomunicaciones para dedicarse a su verdadera pasión: modernizar la educación. Se convirtió en columnista en medios de comunicación, escritora, consultora para proyectos formativos y, finalmente, en representante del partido político Ciudadanos en la Asamblea de Madrid. En su fase de activista consiguió varios hitos legislativos, proposiciones no de ley, en diversas comunidades autónomas, como la de Madrid, y, sobre todo, logró que muchos centros educativos y muchos profesores cambiaran su visión sobre los deberes. Las campañas que gravitan alrededor de temas sobre sanidad y educación, al ser competencias descentralizadas, resultan las más complicadas de regular y armonizar a nivel nacional, pero el impacto que estas personas consiguen en otras personas, en sus iguales, es también un éxito.

El momento de máxima exposición mediática es la entrega de las firmas. Normalmente, cuando un activista ha reunido un número significativo de firmas, le proponemos llevarlas físicamente a su destinatario: Congreso, ministerios, consejerías, empresas... Al llevar las rúbricas, los activistas siempre solicitan reuniones presenciales con los decisores y aprovechamos para convocar a los medios de comunicación. Con eso puede bastar para garantizar cobertura informativa, pero es realmente importante que los fotógrafos y los telediarios tengan una buena imagen, poderosa. Por eso a menudo buscamos que nunca acuda una persona sola, sino varias, en equipo, y cada una con una historia que contar a los medios. Incluso en ocasiones añadimos más elementos, dependiendo de la naturaleza de la campaña. El objetivo es siempre poner el foco en el activista y su reivindicación.

Carlos San Juan, el impulsor de la campaña «Soy mayor, no idiota», no quería entregar las firmas que había reunido, más de seiscientas mil. A sus casi ochenta años se sentía cansado y viajar de Valencia, donde reside, a Madrid, ya le suponía un esfuerzo. Finalmente entendió que era importante. Cuando estaba llegando con su caja y sus firmas al Ministerio de Economía y vio a una nube de gente a las puertas, le preguntó a María, la persona que le ayudó en su campaña desde Change, si aquello era una manifestación. Cuando le dijeron que eran los periodistas, que le estaban esperando, le temblaron las piernas. Mientras hacía declaraciones a los medios, se produjo la mejor noticia para su campaña, Nadia Calviño se acercó hasta donde estaba para recibirle, charlar delante de los periodistas y hacer suyas las reivindicaciones. Una gran foto para Carlos y también para la ministra.

Miguel Ángel Hurtado, Vicki Bernadet y Gloria Viseras son tres víctimas de abusos sexuales. El primero los sufrió en la abadía de Montserrat. Le apoyé desde el principio porque su historia y las de otras víctimas me conmovieron. Miguel Ángel se proponía modificar el código penal para que los delitos de abusos sexuales a menores no prescribieran. Inició su petición en Change en 2016 y durante cuatro años le acompañamos y ayudamos. En mayo de ese mismo año, junto con Vicki y Gloria, entregó en el Congreso las trescientas mil firmas que había reunido. Además de las firmas, cada uno llevaba una urna de cristal y, dentro, juguetes de su infancia, juguetes que habían sido importantes en su vida. La instantánea atrajo la atención de todos los medios y la campaña tomó un nuevo impulso. Miguel protagonizó reportajes, documentales (*Examen de conciencia*, Netflix) y hasta escribió un libro; pero sobre todo sigue siendo una de las voces más legítimas del movimiento contra los abusos sexuales.

Juguetes, croquetas, blísteres de medicamentos, bicicletas..., en estos años hemos llevado todo tipo de objetos a las puertas de la carrera de San Jerónimo y a menudo han cumplido su objetivo: apoyar y hacer tangibles las reivindicaciones de la ciudadanía.

Pero no siempre es necesario añadir elementos externos a un acto de reivindicación. Seguramente Miguel Ángel, Vicki y Gloria, con la fuerza de sus historias, hubieran atraído de igual forma la atención de los medios. Eso es lo que ocurrió con la acción que ha reunido más cámaras y más periodistas a las puertas del Congreso en la historia del activismo ciudadano en España.

El 12 de julio de 2019, María Asunción Gómez, Marcos Hourmann, Txema Lorente y Ángel Hernández llevaron a sus señorías un millón de firmas solicitando la despenalización de la eutanasia. Los relatos de vida detrás de cada una de esas personas son tan duros como valientes. El más conocido de todos seguramente es Ángel Hernández, que cuidó durante treinta años de su mujer María Jose, con esclerosis múltiple, hasta que ella le pidió que le ayudará a dejar este mundo.

Asun también cuidó durante años a su pareja, Luis de Marcos, aquejado de esclerosis, hasta que falleció en 2017. Marcos Hourmann es el primer médico condenado en España por realizar una muerte asistida a una paciente, una mujer de ochenta y dos años cuya hija le suplicó que lo hiciera. Por último, Txema Lorente es el marido de Maribel Tellaetxe, una mujer que, afectada por el alzhéimer, pidió a su pareja y a sus hijos que la ayudaran a irse el día que ya no les reconociera. No pudieron cumplir su deseo, Maribel falleció en 2019 tras varios años de sufrimiento, pero, al menos, el trabajo de su marido y de sus hijos no fue en vano, su lucha ha sido vital para encauzar una legislación que sin la fuerza y autenticidad de este grupo de personas no hubiera sido posible. De nuevo, encontrar un sentido a un hecho trágico y tratar de que aquello que han sufrido tus seres queridos no lo tengan que sufrir otras personas.

Hacer ruido es fácil, lo difícil
es que se convierta en una
melodía de cambio.

La campaña más firmada en la historia de España

Todo comenzó en el viaje de vuelta a Madrid después de que la Guardia Civil encontrara el cuerpo de Diana. Unas horas antes, en el tanatorio de Verín, en Orense, Juan Carlos, en una sala en silencio total, sin nadie alrededor, había recordado toda su vida junto a su hija. De madrugada, en el coche que conducía su hermano Jose, tras tener la certeza de que su hija había muerto luchando, defendiéndose, Juan Carlos evocó la sonrisa de Diana y se puso en marcha para darle sentido a todo ese horror. Contactó con un sobrino que sabía de redes sociales para pedirle que le ayudara a crear una campaña masiva que buscara evitar la derogación de la prisión permanente revisable. Eran las dos de la mañana y apenas un par de horas después, le llamó su sobrino para decirle que no hacía falta crear algo de cero, que había una mujer, Rocío Viéitez, que tenía una petición en Change.org con el mismo objetivo.

España entró en shock cuando la Guardia Civil encontró el cuerpo de Diana el 31 de diciembre de 2017. La buscaban desde finales de agosto de 2016, pero no fue posible localizarla hasta que se detuvo a José Enrique Abuín, conocido como el Chicle, y este confesó su asesinato y reveló el lugar donde había dejado a Diana, un pozo en una nave de Asados, en Rianxo

(A Coruña). El hallazgo causó una tremenda conmoción y desató una ola de solidaridad. Millones de españoles vieron el dolor y sufrimiento de una familia rota. Y, además de compartir la tristeza y acompañar en el luto, muchos decidieron canalizar su indignación y actuar.

En los días que siguieron al trágico descubrimiento, las firmas se dispararon: miles de personas estaban apoyando y compartiendo una petición para que no se derogase la prisión permanente revisable. La petición la había creado en octubre de 2017 Rocío Viéitez, la madre de las dos niñas de Moaña (Vigo) asesinadas por su padre, David Oubel, en julio de 2015. Este había sido el primer condenado en España con prisión permanente desde que el PP introdujera esa figura penal en la anterior legislatura, y Rocío había iniciado la campaña al enterarse de que, a iniciativa del Partido Nacionalista Vasco (PNV), se tramitaba en el Congreso la derogación de la citada ley. «Una persona que comete un delito de esta índole, ¿qué otra pena merece?», escribía Rocío.

Cuando Juan Carlos se enteró de la campaña de Rocío, lo primero que pensó es que no estaba solo, que al menos otra familia luchaba por su misma causa y que miles de españoles la apoyaban. Entonces, llamó a Paco Lobatón para que le ayudase a localizar a Rocío y a otras familias víctimas de crímenes brutales y de desapariciones sin resolver. La familia de Marta del Castillo, la familia de Mari Luz Cortés (la niña onubense de cinco años asesinada en 2008), la de Ruth y José (hermanos de dos y seis años asesinados por su padre en 2011). A todos los invitó al funeral público que iban a celebrar por su hija en Madrid.

El 17 de enero de 2018, tras el funeral de Diana, Juan Carlos organizó un café con todas las familias. «Me impresionó lo poco que se tienen que decir personas que con una sola mirada son capaces de expresar tanto. Al principio estábamos todos en silencio, nos dimos un abrazo sin decirnos nada. Luego, les conté lo que quería hacer y me dijeron que recogiera yo el testigo, porque ellos estaban devastados». Y eso hizo. Ese mismo día, lanzaron un comunicado de prensa. Juan Carlos Quer se ponía al frente de la plataforma «Tu protección es nuestra lucha» para evitar la derogación de la prisión permanente revisable. Además del citado lema, prepararon un montaje fotográfico con las caras de todos los niños, los más pequeños en el centro, protegidos a los lados por los mayores.

Todos los medios, todos los periodistas querían entrevistarlo, saber cómo se sentía él y su familia, qué pensaban hacer. Él aprovechó esa oportunidad de exposición pública para enarbolar una defensa tan vehemente como ejemplar de su reivindicación. Lo que más me sorprendió en esos primeros días fue la serenidad con la que Juan Carlos explicaba las razones por las que no debía eliminarse esa pena. Más allá del contenido, más allá de si estabas o no de acuerdo con su iniciativa, lo admirable era cómo había conseguido dominar la rabia y el dolor que imagino sentía para construir un discurso razonado y pausado.

Dos días después del funeral, el 19 de enero, Juan Carlos se sentaba en los estudios de la SER y Pepa Bueno le preguntaba por la razón que le impulsaba. «Tengo dos opciones. Una de ellas, la que me pide realmente mi cuerpo, es irme a llorar desconsoladamente después de casi quinientos días de angustia, de no poder dormir por las noches, de que te conviertas en un autómata tras el desenlace y descubrir el cuerpo de mi hija. La sensación es "me voy". Pero, sin embargo, recibí un impulso de mi hija desde el cielo, con una sonrisa que me dice: "Papá, vamos a ayudar a la gente"».

Durante varias semanas, Juan Carlos llegó a hacer entre seis y ocho entrevistas al día: televisiones, radios, prensa. «Dormía dos horas como mucho. Tenía una mezcla de desazón y de energía, pensaba que se lo debía a mi hija. Y cuando vas y consigues comunicar con la gente es porque estás hablando desde el corazón, desde el corazón, pero con coherencia». Estudió a fondo la ley y las razones por las que PNV, PSOE y Podemos, principalmente, la querían derogar. Investigó la legislación europea, los puntos fuertes y débiles. Su agencia de comunicación le dio un consejo fundamental: no se trataba de política, había que quitarle toda connotación partidista.

Para él, esta ha sido la empresa más importante de su vida porque está inspirada por un sentimiento tan poderoso como es el amor a su hija y la necesidad de darle un sentido a un suceso tan terrible. Como tantas veces recalcó, no iba a permitir que su hija y otros tantos niños y niñas asesinados cruelmente quedaran como un nombre en una página de sucesos. Necesitamos encontrar un para qué a la mayoría de los sucesos que ocurren en nuestra vida y, especialmente, a los más trágicos.

«Fui a muerte a cada entrevista, no sabes de dónde se sacan las fuerzas. En algunos programas cuando tenía que esperar, cerraba los ojos un rato y a veces me quedaba dormido porque estaba agotado. ¿Sabes lo que hacía Dalí cuando le venía la inspiración para no perderla? Se ponía una moneda entre los dedos y cuando caía, decía, ya he dormido, y seguía». En apenas diez días, la campaña superó el millón y medio de rúbricas y se convirtió en la más firmada en la historia de España, superando la marca que tenía hasta esa fecha otra petición también relacionada con un gran trauma nacional: el juicio de Marta del Castillo. Juan Carlos ya era protagonista en los medios y ahora empezaba a serlo en los despachos y pasillos del Congreso.

Necesitamos encontrar un para qué
a la mayoría de los sucesos que ocurren
en nuestra vida y, especialmente,
a los más trágicos.

Así se agitan los despachos de poder

Conseguir miles o millones de firmas, protagonizar programas de televisión, viralizar mensajes en redes sociales siempre deben tener un objetivo. Por sí mismos no tienen valor, cada día decenas de personas desfilan por nuestras pantallas y los olvidamos con la misma rapidez con la que nos emocionaron. Cada día se suben millones de contenidos a internet en una competencia feroz por la atención y cada día la relevancia muere y vuelve a nacer. Lo que un emprendedor social o activista debe conseguir con todo ese ruido es acceder a la persona o institución que tiene la capacidad de decidir o ayudarle en su causa.

El objetivo de Juan Carlos Quer era crear un estado de opinión que hiciera dudar a ciertos partidos de su postura inicial frente a la prisión permanente revisable. Con Ciudadanos fue bastante fácil. Se reunió con Albert Rivera, que entendió que había una oportunidad electoral y el partido naranja pasó de apoyar tajantemente la iniciativa del PNV a compartir la iniciativa de Juan Carlos e incluso proponer que se ampliaran los supuestos. Ocurrió lo mismo, lógicamente, con el Partido Popular, ya que ellos habían introducido la pena en el ordenamiento jurídico. Durante la gran movilización que propiciaron las familias, Rajoy, por entonces presidente del Gobierno, se reunió con ellos y enarboló su defensa en diversos momentos y escenarios.

El gran reto era el PSOE. Según las encuestas, el 73 % de sus votantes apoyaban la medida, pero todos sus dirigentes, incluido Pedro Sánchez, se mostraban rotundamente en contra. Juan Carlos cuenta que se reunió con diversos líderes del partido, entre ellos Susana Díaz, quien no pudo sostenerle la mirada cuando le dijo: «Tú eres madre, ¿no? Mi hija no va a volver, pero la desgracia de mi hija puede ayudar a salvar otras vidas».

El 15 de octubre de 2018, a los diez meses de lanzar su petición y cuatro después de que prosperara la moción de censura de Pedro Sánchez, Juan Carlos se reunió con la ministra de Justicia, Dolores Delgado. Tras el encuentro, la ministra afirmó que no tenían previsto derogar la prisión permanente revisable. Así llegó una primera victoria, parcial, no total, pero muy importante.

No es fácil enfrentarse a una reunión en un despacho ministerial. Para empezar, está el espacio en sí, el lugar. Suelen ser habitaciones grandes, con muebles sin personalidad, retratos oficiales colgados en las paredes y cierto olor a naftalina. No te sientes cómodo. Pero esa sensación se produce incluso antes, cuando llegas al edificio, te identificas y te recibe un ordenanza, y luego llega, generalmente, alguien de protocolo, y a continuación alguien del gabinete del ministro. Es un desfile peculiar de funcionarios y asesores que te suele intimidar. Por eso es recomendable que a esas reuniones acudan varias personas. De hecho, cuando llega el político con quien querías hablar siempre se sienta al lado suyo algún asesor o personal técnico, nunca están solos. De forma que cuando empieza la reunión hemos tenido que lidiar con todo el peso del lugar, del edificio, de la sala y con la liturgia de los interminables saludos y silencios de los servidores públicos.

Llega la hora de la verdad: exponer tu problema y plantear tu solución. Y lo que ocurrirá, con un alto índice de probabilidad, es que el político o empresario tratará de tomar la iniciativa y de glosar sus méritos y los de su empresa o grupo político. Marcan territorio, quieren dirigir la conversación. Pero cualquier ciudadano o ciudadana que ha llegado hasta ese punto, hasta esa reunión que ha costado tanto conseguir, tiene dos armas muy poderosas: la honestidad y la ausencia de miedo. Una persona anónima que ha sido capaz de echarse a la espalda una causa y llevar la voz de miles de personas hasta un decisor, llegado ese punto, no tiene nada que perder, no debe amedrentarse. La fuerza de la verdad de su historia personal combinada con la exposición serena y razonada de su reivindicación son dos armas muy poderosas. «Esas reuniones no me intimidaban, en todo caso yo les intimidaba a ellos, ya que tenía la fuerza de mi hija, tenía una causa justa», sostiene Juan Carlos Quer.

El caso de Juan Carlos, sin duda, no es lo habitual. También he visto a algunos ciudadanos intimidados por el entorno, por el interlocutor y por el vértigo de la propia situación, de forma que pueden acabar aceptando como victoria ciertas cesiones parciales del político. Pensemos que son personas que durante un tiempo lo han dejado todo por su causa y, llegado este momento de máxima tensión, se pueden venir abajo y abandonar.

Muchas veces no es suficiente con tener una causa justa. Los políticos tienen decenas de propuestas cada día en su mesa. ¿Por qué elegirán la nuestra? El objetivo es siempre que se comprometan personalmente en ese mismo instante, en esa misma reunión en la que por un rato bajan la guardia, y con testigos.

Recuerdo con especial cariño una reunión en las oficinas de Renfe. Allí acudí para acompañar a María Luisa Goikoetxea. Vasca, cincuenta y cinco años, había sufrido una hemorragia cerebral que la dejó en coma durante tres semanas y de la que salió, pero con una parte de su cuerpo paralizada, de forma que para desplazarse solo lo podía hacer en silla de ruedas. María Luisa llevaba meses luchando para que la compañía ferroviaria le pusiera una rampa accesible en la estación de su ciudad, Orduña, para que pudiera moverse con independencia y acudir cada semana a sus sesiones de rehabilitación en Bilbao. Su simpatía, valentía y descaro la ayudaron a ganarse el cariño de sus vecinos, de los medios de comunicación y de más de ciento veinte mil personas que firmaron su petición. Así que una mañana de marzo de 2017 fui con María Luisa a las oficinas de Renfe en Madrid para entregar sus firmas y vernos con los responsables de la empresa. Y le pedí a Juan Manuel Montilla, el Langui, que nos echara un cable y también se presentara en la reunión. Necesitábamos hacer todo el ruido posible y el rapero y actor madrileño era el aliado perfecto. Él accedió encantado y su genial participación fue decisiva para que se aceleraran los cambios que ella proponía.

Los responsables de Renfe comenzaron a explicar todos los pequeños inconvenientes que debían sortearse, querían transmitir que las cosas no eran tan fáciles como pudiera pensarse, que todo lleva su tiempo, sus ritmos, sus burocracias..., hasta que el Langui les interrumpió y les dijo que se dejaran de excusas y de rollos, que él se presentaba en Orduña a la semana siguiente, se lanzaba a las vías con su silla de ruedas y bloqueaba los trenes si no se comprometían a una solución concreta y con fechas con María Luisa. El director de comunicación de Renfe se quedó blanco y a partir de ese instante cambió el signo de la conversación. Finalmente, la estación de Orduña se hizo accesible.

Paloma Pastor, además de luchar por la vida de sus hijos y la suya propia, batallaba para ampliar los derechos de los niños con daño cerebral. Y lo hacía en los despachos del Ministerio de Sanidad, del Congreso de los Diputados y de la Comunidad de Madrid. En muchos de esos despachos recibió comprensión y atención, pero en algunos solo hostilidad y agresividad. Es asombroso cómo algunos políticos ejercen con una soberbia desmesurada. No debemos aceptar este trato vejatorio y los medios de comunicación y las redes sociales son los aliados perfectos para poner a los maleducados en su sitio. Cuando el consejero de Sanidad de la Comunidad de Madrid, Jesús Sánchez Martos, la humilló a ella y a otras familias con niños con daño cerebral hasta el punto de que tuvo que salir de su despacho llorando como una niña, Paloma decidió acudir a los medios para contar el trato vejatorio que había recibido de un servidor público cuyo sueldo pagamos todos los madrileños. Contó lo sucedido en la Cadena SER y el político tuvo que disculparse.

Anna tuvo infinidad de encuentros con todo tipo de políticos y representantes públicos y es admirable cómo utilizó siempre la perseverancia y la humildad para lograr lo que se proponía. A punto de llegar la Navidad de 2016, Anna consiguió una reunión con el ministro de Justicia, Rafael Catalá. La sede del ministerio, en la madrileña calle de San Bernardo, transmite una sensación especialmente incómoda, techos altos, mármol, salas de reuniones muy grandes con maderas nobles, y Anna, lógicamente, estaba nerviosa. Sin embargo, la reunión fue muy bien, el Gobierno apoyaba su causa, pero ella sabía que era muy importante que, al terminar el encuentro, el ministro hablara con los medios, que quedara constancia del compromiso y que hubiera una foto que lo sellara. Cuando la puerta de la sala se abrió y Anna vio una nube de cámaras esperando en el pasillo, agarró el brazo de Catalá y le dijo que la ayudara, que no la dejara sola, que no iba a saber qué decirles a los periodistas, que ella no tenía una formación universitaria, que se sentía muy abrumada y no iba a poder transmitir bien lo que él había comentado en la reunión. Al mismo tiempo, el director de comunicación intentaba llevarse al ministro, no quería que compareciera. Catalá no siguió las indicaciones de su asesor y dio la cara junto a Anna. La foto y el compromiso quedaron sellados.

El papel de los asesores de comunicación de los políticos es muy importante y es bueno saber que, en general, lo que harán es proteger la exposición pública de su jefa o jefe. Pero no siempre están para decir que no, también saben entender las implicaciones de imagen y reputación que tiene no atender a una ciudadana víctima de una justicia. Es la clásica historia de David contra Goliat, el débil contra fuerte.

En el verano de 2016, un estudiante de catorce años que cursaba tercero de la ESO y vivía en San Fernando, Cádiz, se convirtió en uno de los adolescentes más populares de España. Y no fue por sus videos en YouTube o en Snapchat, fue porque se enfrentó al ministro de Educación.

Isidoro Martínez se indignó al comprobar que en verano el Gobierno había aprobado un decreto que creaba nuevas pruebas, llamadas reválidas, para los estudiantes. Eran exámenes que debían superar al finalizar el cuarto curso de la ESO y que de no aprobarse implicaban no pasar al Bachillerato. A Isidoro le enfadó mucho que se aprobara una norma así y que, además, la hubieran colado en pleno mes de agosto, sin apenas debate público. Él era muy buen estudiante y, de hecho, a nivel personal no estaba preocupado, pero le parecía muy injusto para muchas de sus compañeras y compañeros que tenían más dificultades. El altruismo movió a Isidoro. Así que se lanzó a internet, escribió su petición y empezó a compartirla en redes sociales. Llegaron los apoyos, las entrevistas y al alcanzar las doscientas cuarenta mil firmas decidió viajar a Madrid, con su padre y sus dos amigas, Ana Paula y Teresa, para llevar las firmas a Íñigo

Méndez de Vigo, ministro de Educación. Y su intervención en la puerta de la sede del ministerio descolocó totalmente a su director de comunicación.

Tanto él como nosotros habíamos hablado con personas del equipo del ministro, pero a no ser que el activista tenga un alto perfil público, y no era el caso de Isidoro, es raro que te confirmen con antelación que un ministro o un secretario de Estado vaya a recibirle en persona. Ese día no sabíamos si alguien del ministerio se sentaría con él. Pero sí sabíamos que acudirían muchos medios, porque la historia de un chaval que se enfrenta al sistema siempre despierta simpatía y admiración. Así que le dijimos, justo antes de comparecer frente a los medios, que les soltara a los periodistas la siguiente frase: «Hemos viajado setecientos kilómetros, de noche, en autobús, para ver al ministro y él ¿no es capaz de moverse cincuenta metros para recibirnos?». Las radios y televisiones registraron las palabras de Isidoro y también lo hizo el responsable de comunicación, que, al escucharlas, desapareció de escena como un rayo para regresar apenas cinco minutos después y confirmar que el señor Méndez de Vigo recibiría a Isidoro, Ana Paula y Teresa. No consiguieron hacer cambiar de idea al ministro aquel día y tuvieron que seguir presionando con su campaña, que llegó a un millón de apoyos. Finalmente, la movilización saltó a las calles, apoyada por los sindicatos estudiantiles y hasta por los profesores de toda España, y el ministerio tuvo que parar las reválidas.

Un emprendedor social o activista
debe conseguir haciendo ruido
acceder a la persona o institución
que tiene la capacidad de decidir
o ayudarle en su causa.

Y después de la victoria, ¿qué?

No existe una palabra más hermosa que «Victoria». Mi adoración por esta palabra tiene evidentes connotaciones personales y sentimentales. Mi hija se llama así. Siempre tuvimos claro ese nombre, porque ella nació después de haber pasado una de las épocas más horribles y devastadoras que tuvimos como pareja. Pero de aquellos episodios tan tristes nació Victoria, como el símbolo del renacer, con ella recuperamos la ilusión por vivir y gozar. Victoria fue nuestra mayor victoria. Y hoy, Victoria y Lucas, que vino al mundo tres años después, son mi principal fuerza y guía. A ellos les dediqué mi último proyecto en Change.org, un vídeo en el que repasaba mis mejores momentos allí, un *greatest hits* en toda regla. En él estaban recogidas las historias y victorias que me han atravesado más profundamente.

La de Anna es una victoria rotunda, definitiva, impresa con letras oficiales en el BOE. Es inamovible. Es ley. Es la «ley Anna González y Óscar Bautista», la ley que nos protege mejor frente a los atropellos. Ella ha cerrado ya esa etapa, necesitaba hacerlo para seguir adelante con su vida. Ahora lucha consigo misma para dejar de ser «la viuda de Óscar» y saca adelante a sus dos maravillosos hijos en La Seu d'Urgell, mientras sueña con su siguiente victoria: dirigir un albergue de montaña en sus queridos Pirineos. Pero Anna también sabe que lleva el virus del activismo en las venas y que si alguna vez una causa justa se vuelve a cruzar en su camino, nada la detendrá.

La de Paloma es una victoria de la resiliencia, de la insistencia y de la humildad. No es tan rotunda, en lo formal, como la de Anna, ya que la intención original era cambiar todo el sistema sanitario en España, que todas las comunidades autónomas garantizasen el tratamiento de los niños de entre seis y dieciséis años que han sufrido daño cerebral. Lo consiguió en la Comunidad de Madrid. Pero la victoria de Paloma es sobre todo personal: superar cuatro graves enfermedades, una por cada miembro de la familia, y convertir la ayuda a los demás en su leitmotiv.

La victoria de Juan Carlos es la de Diana, la de Marta del Castillo, la de Mari Luz Cortés, la de José y Ruth Bretón, la de Gabriel «el Pescaíto» o Yéremi Vargas, todos esos niños víctimas de crímenes horribles. Es una victoria porque si algo nos ha demostrado la política o, al menos, los políticos recientes de este país, es que sus compromisos son tan débiles como sus palabras. Por eso, Juan Carlos sigue en guardia, expectante, consciente de que es una victoria con pies de barro. Y por eso no ha podido ni querido hacer el duelo por su hija. «Lo haré diez años después, como con mi padre», repite.

Carlos San Juan consiguió el compromiso del Gobierno para aprobar una ley que haga más fácil la vida a las personas mayores en sus gestiones bancarias; también provocó que algunas entidades activaran rápidamente planes especiales para atender sus necesidades. Carlos es feliz porque cobrar la pensión o sacar dinero ya no debería ser una tortura para miles de ciudadanos. Ahí está su legado activista y altruista.

Después de la victoria, o de la derrota, la vida sigue. Pero ya nunca volverá a ser igual. Es cierto que estas historias acabaron bien o, al menos, acabaron como sus protagonistas deseaban. Como ya os he contado, hay cientos de personas cuyas iniciativas no llegan al punto deseado. Pero, de nuevo, el simple hecho de hacer algo es crucial. Como me dijo Carlos San Juan, hay personas que deciden eliminar dos frases de su vida: «Este no es mi problema» y «Es lo que hay». Y eso ya es una victoria. El egoísmo del bueno siempre es una victoria.

Hay personas que deciden eliminar dos frases de su vida: «Este no es mi problema» y «Es lo que hay». Y eso ya es una victoria. El egoísmo del bueno siempre es una victoria.

Agradecer, pero de verdad

¿Te imaginas dar las gracias a cada persona que ha hecho posible el café que tomas todas las mañanas? Empezando por el barista que te lo sirve, siguiendo por el transportista que lleva el grano a la cafetería y acabando en la familia de Colombia que lo cultiva. Pues esto es lo que durante un año hizo el escritor norteamericano A. J. Jacobs. Y luego, todo lo aprendido y experimentado lo plasmó en un libro, *Thanks a Thousand. A Gratitude Journey*.

La idea nació a partir de una certeza, probada por numerosos estudios científicos: tendemos a recordar más lo negativo que lo positivo, nuestro cerebro suele quedarse enganchado en el lado malo de las cosas. También numerosas investigaciones han probado que la gratitud, ser y mostrarse agradecido, nos produce bienestar. Así que A. J. se propuso hacer un experimento en su propia casa: todos los días, a la hora de comer, haría un ejercicio de agradecimiento por los alimentos que él, su esposa y sus hijos iban a tomar. Uno de esos días, su hijo de diez años le dijo que no tenía sentido agradecer al granjero que había cultivado los tomates que estaban comiendo, puesto que esa persona no estaba allí presente y no podía escucharles. Y si no podía hacerlo, qué sentido tenía todo, no estaba hablando de

Dios, estaba hablando de un agricultor. Le propuso que si de verdad quería seguir con ese experimento, se lo dijera en persona. Así que A. J. aceptó el reto y se embarcó en un viaje de casi un año para dar las gracias a todas las personas que hacían posible el primer café de la mañana que tomaba en su cafetería favorita.

En su libro y en una charla TED que también puedes ver en YouTube, A. J. Jacobs comparte los aprendizajes de semejante aventura. Por ejemplo, cuenta que si actúas como si estuvieras agradecido, acabarás estándolo de verdad. Todas las mañanas escribía notas dando las gracias, en ocasiones sin conectar de verdad con esa emoción, hasta que debido a la fuerza de la costumbre, a la práctica, a la rutina, acabó integrándolo. Nuestras acciones influyen sobre nuestro pensamiento. Recordemos, por ejemplo, las tres cosas positivas que se obligaba a escribir Paloma cada día. A. J. también nos invita a convertir el agradecimiento en acción, a no quedarnos en la palabra, si no a movilizarnos. De nuevo, diversas investigaciones han probado que cuanto más agradecidos estamos, más fácil es que nos comprometamos y ayudemos a otras personas. El escritor lo vivió en primera persona y, reconociendo que es un egoísta la mayor parte del tiempo, este proyecto le ayudó a tomar conciencia de que, por ejemplo, millones de personas no tienen acceso a agua potable. Gracias a eso, A. J. acabó comprometiéndose con una ONG que trabaja en proyectos humanitarios.

¿Has pensado en cuántas veces agradeces al cabo del día? ¿Y has reflexionado sobre lo bien que sienta dar las gracias? Investigadores de Harvard y de la Universidad de California demostraron que el agradecimiento libera dopamina y estimula el sentido de la recompensa. Además, las personas agradecidas parecen tener menos niveles de ansiedad y, en general, son más vitales y optimistas. En realidad, hay veces que no necesitamos que un estudio científico nos diga lo que comprobamos cada día con las personas que nos rodean.

Lo mejor de la gratitud es que se trata, intrínsecamente, de un acto social, de un acto en el que hay un intercambio, alguien da y otra persona recibe. Y en ese intercambio, ambas personas resultan beneficiadas. De hecho, altruismo y agradecimiento son dos elementos del mismo círculo virtuoso. Hacemos cosas buenas, nos las agradecen, hacemos más cosas buenas. Así de sencillo. En cualquier ámbito. En el laboral, tan poco dado a mostrar aprecio, en el familiar, en el social, en el afectivo.

La cultura del agradecimiento se instaló en mi vida de forma paralela a mi desbloqueo emocional y a mi toma de conciencia. La gratitud implica conexión con las emociones propias y ajenas e implica ser consciente. Agradezco más ahora que cuando tenía treinta años y con esa edad lo hacía más que cuando era un adolescente. Es normal, forma parte del proceso de crecimiento personal. Por eso, en un libro como este, con el que espero que te hayas inspirado y del que espero que te lleves ideas para poner en marcha en tu vida hoy mismo, el capítulo final, quizá el más importante, está reservado a los agradecimientos. En realidad, me encantaría que si tienes previsto cambiar algún pequeño aspecto de tu vida, o alguno grande, empieces por mostrar agradecimiento a las personas a las que quieres. Creo que será un punto de partida fantástico para tu viaje.

En todas las diferentes conversaciones de los últimos años con Anna, Juan Carlos o Paloma, me han mencionado en innumerables ocasiones lo agradecidas que estaban por la ayuda que les dimos desde Change.org, por el soporte que recibieron del equipo; siempre tuvieron palabras de agradecimiento para sus familias, hijos, parejas, amigos, compañeros de trabajo y para los miles de ciudadanos anónimos que les dieron su firma y su apoyo, en internet, en la calle, en los medios de comunicación.

Ahora me toca a mí dar las gracias a Juan Carlos, Paloma, Anna y Carlos. Gracias por todo lo que me habéis enseñado sobre la vida, sobre el activismo y sobre el egoísmo del bueno. Gracias en especial por dejarme contar vuestras historias en este libro.

Gracias a mis hijos, Victoria y Lucas. Gracias por enseñarme tantas cosas, por tantos abrazos, por tantas risas, por tanto amor. Gracias por ayudarme, y a veces obligarme a ser mejor padre. Estoy seguro de que nos quedan y, sobre todo, os quedan muchos momentos felices. Os lo merecéis. Sois muy valientes y sé que vuestra madre estaría muy orgullosa de lo que estáis luchando. Y, por favor, cuando yo no esté, recordad que «No puedes cambiar todo a lo que te enfrentas, pero no podrás cambiar nada si no te enfrentas a ello».

Gracias a Laura Pérez porque con ella tuve algunos de los momentos más felices de mi vida. Hubo muchos, lógicamente, pero me quedo con el nacimiento de nuestros hijos. Durante muchos años nos apoyamos y nos salvamos mutuamente cuando la vida nos puso al límite. Y crecimos de la mano hasta que el día a día nos superó y la felicidad fue un recuerdo aparcado en la carretera de Monument Valley. Laura, seguirás por siempre en nuestros corazones.

Gracias a Laura Llapart porque contigo recuperé la ilusión por vivir, por saltar de felicidad, por reír, por recorrer carreteras solitarias, por mirar el cielo desde una silla de playa en el muelle de la Isleta del Moro. Gracias por estar conmigo y con nosotros en los episodios más duros y más tristes que cualquier persona pueda imaginar. Gracias por acompañarnos y acogernos cuando lo razonable hubiera sido salir corriendo. Y gracias por soñar un futuro con Victoria, con Lucas y conmigo.

Quiero dar las gracias a mis padres. Gracias por darme una buena vida, por transmitirme la importancia de la honestidad, del esfuerzo, de la responsabilidad. Gracias por, en la vejez, haberme confiado vuestros secretos y vuestros deseos. Gracias a mis hermanos porque sé que en los malos momentos puedo contar con vosotros y, aunque no seamos muy efusivos entre nosotros, siempre nos querremos.

Gracias a tantos amigos y amigas que me han escuchado día y noche, que me han hecho reír y llorar, que me han acompañado y acunado en los días oscuros. Seguro que me dejo muchos, lo siento, las páginas del libro son finitas. Gracias sobre todo a David Trueba, el auténtico, por las muchas horas que me has abrazado, escuchado, sentido y animado. Gracias a Guillermo Suárez por tu eterna disponibilidad, por tu capacidad para entender y acoger, por haberme acompañado desde que éramos unos mocosos. Gracias a Asís G. Ayerbe, una persona de vitalidad y felicidad desbordante, sin ti este libro, literalmente, no habría sido posible. Asís me animó y me presentó a mi editora. Gracias a Manuel Franco Tejero por ser compañero de carreras, vinos y bolas de discoteca. Gracias a Susana Mañueco por abrirnos las puertas de tu familia como si fuera la nuestra. Gracias infinitas a Susana Fernández, porque sin ti todos estos últimos años hubieran sido insoportables.

Gracias a Juan Manuel Zapatero y Gabriel Panizo por estar siempre cerca. Gracias a la familia de Laura Pérez, a sus hermanas Sara, Marisol, Maribel, Miriam, Marta y su hermano Rafa, porque siempre sentí vuestro amor y vuestro cariño y sé que Victoria y Lucas siempre lo tendrán.

Gracias a la familia de Laura Llapart porque habéis demostrado una generosidad gigantesca.

Gracias a Jose Carnero porque has sido una influencia vital en mi vida desde que te entrevisté para hablar de la leucemia de tu hijo Guzmán. Jose es de esas personas que solo con escuchar tu voz o mirarte a los ojos sabe cómo y dónde estás. Gracias por crear Unoentrecienmil e invitarme a ser parte de tu vida.

Gracias a tantas personas que me han acompañado en mi carrera profesional, desde que era un becario en Onda Cero, pasando por Obra Social Caja Madrid, La Casa Encendida o Change.org: Arturo González-Campos, Raquel Martos, José Antonio Mijares, David Calzado, Cristóbal Blesa, Pascual Cámara, Paco Polo, María de la Cruz, David García... Y gracias a mi editora, Virginia, por confiar en un autor tan lleno de ideas como de inseguridades.

Y gracias a ti, lector, por haber llegado hasta aquí. Y como ya sabes que el que pide con timidez invita a negar, te pido sin ninguna timidez que, si te ha gustado el libro, si te ha resultado útil, lo recomiendes, lo compartas con tu familia, con tus amigos, lo subas a las redes sociales y así, entre todos, difundamos el virus del buen egoísmo. Mil gracias :)

El agradecimiento libera dopamina y
estimula el sentido de la recompensa.
Además, las personas agradecidas
parecen tener menos niveles
de ansiedad y, en general,
son más vitales y optimistas.